SOCIÉTÉ D'ÉTUDES FRANCO-COLOMBIENNE

RAPPORT

SUR

LES MINES D'OR

DE

CRISTALES, SANTIAGO, SOLFERINO

DÉPARTEMENT D'ANTIOQUIA (COLOMBIE)

ADRESSÉ

A M. L. DE COINCY

PRÉSIDENT DE LA SOCIÉTÉ D'ÉTUDES

PAR

M. A. MOULLE

INGÉNIEUR CIVIL DES MINES

PLANCHES

SOCIÉTÉ D'ÉTUDES FRANCO-COLOMBIENNE

RAPPORT

SUR

LES MINES D'OR

DE

CRISTALES, SANTIAGO, SOLFERINO

DÉPARTEMENT D'ANTIOQUIA (COLOMBIE)

ADRESSÉ

A M. L. DE COINCY

PRÉSIDENT DE LA SOCIÉTÉ D'ÉTUDES

PAR

M. A. MOULLE

INGÉNIEUR CIVIL DES MINES

PLANCHES

SOCIÉTÉ D'ÉTUDES FRANCO-COLOMBIENNE

RAPPORT

SUR

LES MINES D'OR

DE

CRISTALES, SANTIAGO, SOLFERINO

DÉPARTEMENT D'ANTIOQUIA (COLOMBIE)

ADRESSÉ

A M. L. DE COINCY

PRÉSIDENT DE LA SOCIÉTÉ D'ÉTUDES

PAR

M. A. MOULLE

INGÉNIEUR CIVIL DES MINES

PLANCHES

RAPPORT

SUR LES

MINES D'OR

DE

CRISTALES, SANTIAGO ET SOLFERINO

ADRESSÉ A

M. L. DE COINCY

Président de la Société d'Études Franco-Colombienne,

PAR

M. A. MOULLE

Ingénieur civil des Mines.

Paris, le 1er octobre 1887.

MONSIEUR LE PRÉSIDENT,

Vous m'avez fait l'honneur de me confier, au mois de janvier dernier, une importante mission en Antioquia (République de Colombie), dans le but d'étudier et de vérifier la valeur d'un groupe d'affaires qui vous avaient été proposées.

De retour d'un voyage qui a duré près de sept mois, j'ai dû, Monsieur, vous conseiller l'abandon, tout au moins momentané, de quelques-unes des affaires que j'avais été chargé d'étudier, quelle qu'en fût, du reste, l'importance.

Par contre, j'ai la satisfaction de vous remettre ci-joint un rapport sur les trois mines d'or de Cristales, Santiago et Solferino, qui me paraissent, à juste titre, dignes de votre attention.

Quant à la mine de la Desconocida, au sujet de laquelle il a été passé un traité analogue à ceux de Cristales, Santiago et Solferino, une nouvelle étude détaillée a été prévue par le traité et ce n'est qu'ultérieurement que je pourrai vous faire connaître mon opinion sur sa valeur.

Veuillez agréer, Monsieur le Président, l'assurance de mon respectueux dévouement.

A. MOULLE,

Ingénieur civil des Mines,

39, rue de la Chaussée-d'Antin, Paris.

INTRODUCTION

Les trois mines d'or désignées sous le nom de Cristales, de Santiago et de Solferino, qui font l'objet du présent rapport, sont situées dans le département d'Antioquia (République de Colombie).

Avant d'aborder dans trois rapports spéciaux la description et l'étude de ces trois mines, nous croyons utile de donner auparavant quelques indications générales spr le département d'Antioquia lui-même.

En conséquence, le présent rapport sera divisé en cinq parties principales :

1° Considérations générales sur le département d'Antioquia ;

2° Rapport sur la mine de Cristales ;

3° Rapport sur la mine de Santiago ;

4° Rapport sur la mine de Solferino ;

5° Résumé et conclusions générales sur l'ensemble des trois mines.

Nous avons joint à ce rapport, en vue de le rendre plus clair et d'en faciliter la lecture, cinq planches de dessins et croquis, savoir :

1° Une carte géographique d'une partie du département d'Antioquia ;

2° Un croquis d'ensemble du district minier de Remedios et de la mine de Santiago ;

3° Une planche relative à la mine de Cristales, comprenant : un plan d'ensemble et un plan détaillé de la mine, un plan et une coupe du filon de Cristales ;

4° Une planche relative à la mine de Solferino comprenant : un plan d'ensemble, une coupe générale de la mine et un profil d'ensemble des anciens travaux ;

5° Une deuxième planche, relative à la mine de Solferino, contenant les croquis détaillés des anciens travaux actuellement accessibles.

Nord-Sud le divisent. Ces chaînes sont séparées par trois cours d'eau importants : la Magdalena, le Porce et le Cauca, qui se réunissent, après leur sortie d'Antioquia, pour se rendre à la Magdalena et à la mer. La Cordillère orientale, comprise entre la Magdalena et le Porce, s'élève de l'Est à l'Ouest en pente douce depuis la Magdalena jusqu'à sa crête, qui surplombe presque à pic la vallée profondément encaissée du Porce. Elle part au Sud, des hauts Paramos toujours neigeux et des sommets volcaniques couverts de glaces éternelles de Ruiz et d'Herveo (5,000 mètres et plus), puis s'abaisse graduellement vers le Nord, passant par les altitudes successives de 2,345 mètres (Sonson), 1,800 mètres (Santo Domingo), 1,475 mètres (Amalfi), 715 mètres (Remedios), pour venir mourir enfin sous les alluvions récentes de la plaine du Cauca.

Dans sa partie Sud, la Cordillère orientale est principalement constituée par des roches éruptives récentes, trachytiques et volcaniques. Dans sa partie centrale et sa partie Nord, elle est presque entièrement formée par une immense masse de roches syénitiques (syénite et granite plus ou moins syénitique).

La Cordillère du centre ou plateau central est comprise entre les vallées du Porce et du Cauca. Ce plateau atteint sa hauteur maxima vers Santa Rosa de Osos (2,610 mètres) et Jarumal (2,400 mètres) ; il descend vers le Nord-Est par une succession de plateaux ou de marches : Anori (1,580 mètres), Zéa (700 mètres), jusqu'au moment où il vient disparaître entre le Nechi et le Cauca sous les plaines alluvionnaires de ces deux rivières. Dans sa partie la plus élevée, il est formé par une immense poussée granitique, plus ou moins syénitique, qui, vers le Nord et le Nord-Est, disparaît sous une puissante formation de schistes argileux micacés et amphiboliques.

Les pentes du plateau ou de la Cordillère Centrale sont généralement abruptes et fortement surélevées au-dessus des vallées du Cauca et du Porce.

La Cordillère occidentale, peu connue et peu explorée encore actuellement, quitte au Sud les *farallones* de Citarra (3,300 mètres), et se maintient à peu près à cette hauteur vers le Nord jusqu'au *paramillo* de la Centella (3,400 m.), point à partir duquel elle s'abaisse rapidement jusqu'au niveau de la plaine alluvionnaire. Cette Cordillère paraît être constituée par une immense éruption de porphyres.

Le rio Magdalena, l'un des larges fleuves du monde, est la grande artère fluviale de la Colombie. Il entre sur le territoire d'Antioquia à une altitude d'environ 150 m. pour en sortir à une altitude d'environ 80 m. ; la largeur de son cours, sur le territoire même d'Antioquia, dépasse certainement 1 kilom., et il est navigable bien au delà pour des navires à vapeur de 200 à 300 tonneaux.

Le rio Porce prend sa source à une hauteur de 1,800 à 1,900 m. ; son altitude qui à Medellin est de 1,470 m., n'est plus que de 110 mètres, au point où ses eaux se réunissent à celles du Nechi.

Le Porce-Nechi n'est navigable pour des navires à vapeur de 200 à 300 tonneaux que jusqu'un peu au-dessus de Sarragoza; mais les canots du pays peuvent remonter jusqu'à Guyabalito; à Sarragoza, la largeur du Nechi atteint environ 200 m., avec une profondeur de 3 à 4 mètres. En face de Medellin et sur une longue distance au-dessous de cette ville, le rio Porce a une largeur de 20 à 35 m. Il forme alors un cours d'eau torrentiel plutôt qu'une véritable rivière.

Le rio Cauca entre sur le territoire d'Antioquia à une altitude d'environ 800 m. pour en sortir à une altitude de 70 à 80 m. C'est une magnifique rivière presque comparable à la Magdelena, et navigable pour des bateaux de 200 à 300 tonneaux jusqu'à Valdivia; on remonte le Cauca pour parvenir dans le rio Nechi jusqu'à Sarragoza.

A côté des grandes variations générales d'altitude que nous venons de donner pour la Cordillère orientale et le plateau central, et qui indiquent un affaissement général du Sud au Nord, on rencontre à chaque pas, pour ainsi dire, des variations brusques de hauteur de 200 mètres à 500 mètres, lorsqu'on passe du sommet d'une des petites chaînes divisionnaires des eaux de deux rios, au fond de la vallée de l'un de ces rios.

Si Antioquia, avec ses immenses richesses naturelles, n'a pas jusqu'à présent attiré l'attention de l'Europe, cela a tenu surtout à sa position au centre de la Colombie, qui jusqu'à ces dernières années était, pour ainsi dire, complètement inconnue de la masse du public Européen.

Les difficultés de communication pour se rendre en Antioquia sont pourtant au fond beaucoup plus apparentes que réelles; elles sont, en tout cas, moindres que celles que présentent certains districts miniers connus de tout le monde actuellement.

Pour se rendre à Medellin, capitale et centre de rayonnement du département d'Antioquia, l'itinéraire est le suivant:

En dehors des lignes anglaises, américaines et allemandes, la Compagnie Transatlantique a deux départs par mois pour la Colombie, l'un par Saint-Nazaire, l'autre par Bordeaux.

La durée du trajet de Saint-Nazaire à Savanilla, port de débarquement en Colombie, est actuellement de 17 à 18 jours, avec nombreuses escales aux Antilles françaises et au Venezuela.

De Savanilla on se rend par chemin de fer en une heure 45 environ à Barranquilla, port de navigation fluviale sur la Magdalena, et entrepôt de la plus grande partie du commerce de la Colombie avec l'Europe.

C'est à Barranquilla que se trouve la tête de ligne des vapeurs de la Magdalena qui partent pour l'intérieur, huit à dix fois par mois, selon les circonstances. Ces bateaux à vapeux jaugent de 200 à 350 tonneaux et sont très convenablement aménagés tant pour le transport des passagers que pour celui des marchandises.

La distance à parcourir sur la Magdalena, de Barranquilla à Puerto-Berrio, port fluvial de Médellin, est de 814 kilom.; la durée officielle du trajet est de 79 heures 40 m. Il faut compter en réalité environ 5 jours pour la montée et 3 jours pour la descente.

De Puerto-Berrio, on prend le chemin de fer jusqu'au petit village de Pavas, soit 6 heures de chemin pour environ 60 kilom.

De Pavas à Medellin, le trajet doit se faire à dos de mule sur un chemin généralement en mauvais état, surtout après les époques pluvieuses. La distance de Pavas à Medellin est de 140 à 150 kilomètres. Cette distance, avec une bonne mule au pas, peut être facilement parcourue en 3 jours et demi.

De Medellin aux différents points du département, le trajet doit être fait à dos de mule. Selon les saisons et l'état d'entretien des chemins, ceux-ci sont plus ou moins faciles à parcourir. Lorsqu'il s'agit d'envoyer des marchandises ou du matériel dans les districts miniers du Nord, tels que ceux de Remedios et d'Anori, on les expédie jusqu'au port fluvial de Sarragoza par des bateaux à vapeur qui quittent la Magdelana pour remonter le rio Cauca ou le rio Nechi. De Sarragoza à Segovia, centre actuel du district minier de Remedios, la distance qui est d'environ 60 kilom. se parcourt en 49 heures 45 m. de marche, soit pratiquement trois journées de voyage de mule de charge.

De Sarragoza à Anori, la distance est d'environ 80 kilom.; le trajet s'effectue en 30 heures environ : soit quatre journées de mule de charge.

CHAPITRE II

Climat. — Population. — Agriculture. — Commerce.
Crise monétaire.

Le département d'Antioquia jouit d'un climat exceptionnellement sain. Sa température, sensiblement constante à toute époque de l'année, nuit et jour, ne dépasse pas 27° à 28° centigrades dans les parties les plus chaudes, c'est-à-dire dans les vallées et les plaines de la Magdalena, du Cauca et du Nechi ; elle atteint environ 20° vers le niveau de 1,400 à 1,500 mètres et tombe à 15° vers le niveau de 2,400 à 2,600 mètres.

La hauteur de 2,600 à 2,700 mètres est à peu près la limite où l'on rencontre les dernières villes et villages de quelque importance.

Dans les parties basses du territoire, surtout dans celles qui sont profondément encaissées, le climat est toujours très humide ; sur le versant des cordillères qui bordent des vallées ouvertes ou sur les hauts plateaux, l'humidité est beaucoup moindre, et le climat est parfois même assez sec.

La terre est dite *chaude* jusqu'à 700 ou 800 mètres, *tempérée* de 700 à 1,800 mètres, et *froide* au-dessus de 1,800 mètres. Les fièvres, souvent mortelles dans les parties basses et marécageuses dont le niveau ne dépasse pas 100 à 150 mètres, n'affectent plus qu'une forme intermittente légère vers le niveau compris entre 200 et 700 mètres. Elles se traitent et sont coupées par la quinine avec facilité. Au-dessus de 700 mètres, la fièvre est presque exceptionnelle, aussi rare en tous cas qu'en Europe.

L'Européen peut supporter facilement le climat d'Antioquia pendant un temps considérable, sans rien perdre de sa vigueur et de son énergie morale ; il supporte même mieux le climat de terre chaude que le Colombien de terre tempérée et de terre froide, par suite d'une meilleure nourriture et d'une meilleure hygiène. Les eaux sont partout abondantes, soit sous forme de sources, soit sous forme de ruisseaux et de rivières ; elles sont presque sans exception saines et de bonne qualité. Ce fait est dû à l'extrême rapidité de leur cours, presque partout plus ou moins torrentiel.

Quoi qu'il n'existe pas en Antioquia, par suite de sa position presque sous l'équateur, de saison, dans le sens européen du mot, on divise toutefois l'année en quatre saisons qui correspondent à deux époques de sécheresse et à deux époques de pluies relatives. Ces saisons, bien plus marquées dans le Sud que dans le Nord, sont assez arbitraires et varient suivant les années. Généralement, la première saison pluvieuse commence vers septembre et finit vers décembre ; la première saison sèche va de décembre en mars ; la deuxième saison pluvieuse reprend en mars et finit vers le commencement de juin, et la deuxième saison sèche va de juin à septembre. Les deux époques pluvieuses présentent leur maximum vers les milieux d'octobre et de mai ; c'est le moment des grandes crues dont les dates présentent une régularité parfois étonnante.

Pendant la saison pluvieuse, il pleut sur les parties élevées, non seulement de nuit, mais souvent même de jour ; par contre, dans les parties d'altitude modérée les pluies, très rares pendant le jour, commencent vers sept heures du soir et continuent pendant une partie de la nuit. L'absence de pluie pendant le jour, facilite dans le Nord les voyages et le travail régulier des ouvriers à toute époque de l'année.

La population d'Antioquia s'élevait, il y a quelques années, à environ 470,000 âmes ; mais le territoire de ce département est si étendu et si merveilleusement fertile, qu'il pourrait facilement nourrir vingt fois ce nombre d'habitants.

Par suite de l'excellent climat, la population de race blanche. d'origine espagnole, domine presque exclusivement. La race indienne a laissé dans la population actuelle très peu de traces, et la race noire elle-même a, pour ainsi dire, complètement disparu par suite d'émigrations vers les départements et les plaines basses du nord de la Colombie, ne laissant en Antioquia que quelques rares mulâtres.

L'Antioquien possède de nombreuses et grandes qualités. Il est très hospitalier, surtout pour l'étranger, auquel il témoigne une considération toute particulière; il est doué d'une intelligence vive, est bon travailleur, d'une grande fidélité et d'une honnêteté pour ainsi dire absolue. On peut voyager dans tout le pays sans armes et sans la moindre préoccupation, même dans le cas où l'on porte sur soi des sommes importantes.

Les expéditions de l'or provenant de l'exploitation des mines, dont la valeur monte parfois à 300,000 francs et plus, se font à dos de mules; les muletiers qui font le transport par contrat ne sont accompagnés que d'un surveillant plus ou moins armé. Les convois d'or font plusieurs jours de trajet dans des chemins déserts sans avoir rien à redouter, pas plus des muletiers qui les conduisent que des populations qu'ils traversent. Il n'y a jamais eu jusqu'à présent une tentative quelconque de vol ou d'enlèvement d'un convoi d'or.

La pauvreté existe en Antioquia; elle est même le lot d'une partie très importante de la population, mais la misère y est absolument inconnue. Quiconque veut gagner son existence le peut sans aucune difficulté, soit qu'il se mette à défricher une terre libre qui lui rapportera sans aucun soin deux ou trois récoltes par an, soit qu'il exploite pour son propre compte des criques ou des ruisseaux alluvionnaires riches en or, soit enfin qu'il s'engage comme ouvrier régulier au service d'une Compagnie de mines.

L'ouvrier ou le paysan colombien a toutefois ses défauts; il est peu économe à cause de la facilité de son existence; il a une grande mobilité d'esprit, et trop souvent quitte un travail assuré pour aller à l'aventure chercher un nouveau travail dans un autre district.

L'agriculture est assez peu développée en Antioquia et occupe un nombre relativement restreint de bras. Elle produit cependant tout ce qui est nécessaire à la consommation locale, c'est-à-dire le maïs, le sucre, le café, le cacao, le tabac et les haricots. L'élevage du bétail est très développé dans certaines parties du Sud et fournit de beaux bestiaux qui s'en vont jusqu'aux extrémités du Nord, aux districts miniers de Remedios et de Sarragoza. Enfin les hauts plateaux produisent des pommes de terre de bonne qualité et un peu de blé très médiocre.

L'agriculture et surtout la culture de certains produits, tels que le café et le cacao, prendront un immense développement le jour où des routes et des chemins de fer rendront les transports plus faciles et moins coûteux.

Le commerce d'Antioquia est aujourd'hui uniquement un commerce d'importation. A Medellin seulement, il entre chaque année plus de 20,000 ballots de marchandises européennes.

Il n'existe en dehors de l'industrie des mines aucune espèce d'industrie ; l'habitant le plus riche, comme le plus pauvre, doit donc tirer d'Europe ce qui lui est nécessaire.

Non équilibré par une exportation correspondante, le commerce d'importation a provoqué et provoque encore aujourd'hui le drainage complet de l'or et de l'argent d'Antioquia. Chaque année, la production de métaux précieux est expédiée pour ne plus revenir.

Peu à peu le papier-monnaie a dû être substitué, non seulement dans Antioquia, mais encore dans toute la Colombie, à la monnaie d'or et d'argent devenue pour ainsi dire introuvable. Les banques locales avec droit d'émission ayant pullulé et le Gouvernement Colombien traversant actuellement une crise financière, encore aggravée par la dernière guerre civile, il en est résulté une dépréciation croissante du papier tant de la Banque Nationale que des banques particulières locales.

Pendant notre séjour en Antioquia, la dépréciation du papier-monnaie par rapport à l'or ou aux traites sur l'Europe ou les États-Unis était comprise entre 50 et 65 0/0. Elle est actuellement de 80 0/0. Cette dépréciation, désastreuse pour le commerce du pays, tant local qu'avec l'étranger, est au contraire excessivement favorable à l'exploitant de métaux précieux, la hausse des salaires de l'ouvrier ne suivant que de fort loin la dépréciation du papier-monnaie.

La crise monétaire dont nous venons d'indiquer l'existence, ira certainement encore en s'accentuant, pendant quelques années au moins ; elle pourrait être enrayée par une diminution des importations et surtout par le développement de l'industrie minière.

CHAPITRE III

Richesse minière d'Antioquia. — Industrie minérale. — Main-d'œuvre. Législation minière. — Impôts. — Organisation des Compagnies minières. — Sécurité pour les propriétés et le capital européen. — Prix des transports.

Antioquia est incontestablement l'un des pays du globe où l'on rencontre en plus grande abondance des gisements aurifères et argentifères de toute nature.

En dehors de l'or et de l'argent les seuls minéraux qui vaillent la peine d'être cités ici sont la houille et le minerai de fer.

Le minerai de fer est très abondant près d'Amaga, à quelques lieues au sud de Medellin. Ce minerai est actuellement traité dans une petite fonderie et produit des fontes et des fers d'assez bonne qualité. Le développement de la fonderie d'Amaga pourrait avoir une grande influence sur l'industrie minière du pays, en lui fournissant à un prix raisonnable le fer qu'on est obligé de faire venir aujourd'hui d'Europe.

Le terrain carbonifère présente un grand développement au sud-ouest de Medellin. On y rencontre un grand nombre de couches de charbon très rapprochées les unes des autres, dont plusieurs atteignent une épaisseur de plusieurs mètres. Le charbon est de bonne qualité et ne laisse qu'une très faible proportion de cendres ; malheureusement il passe au lignite, par suite de son âge relativement récent. On ne connaît jusqu'à présent qu'une seule couche qui ait fourni du coke de qualité supérieure. Il existe au nord d'Antioquia un autre grand bassin carbonifère, sur les rives du Cauca et du Nechi, dans les parties où ces rivières sont encore navigables.

L'argent est très abondant au sud d'Antioquia ; les célèbres mines du district de Marmato, qui se trouvent dans le département du Cauca, font en effet, au point de vue géographique, incontestablement partie d'Antioquia.

Au sud de Medellin, à une quinzaine de lieues de cette capitale, se trouve la grande mine d'argent aurifère du Zancudo, constituée par une puissante couche de minerai située au contact du terrain carbonifère.

A partir du Zancudo, en remontant vers le Nord, les mines d'or dominent exclusivement ; elles sont très nombreuses et leur importance paraît augmenter à mesure que l'on avance vers le Nord.

L'or se rencontre, soit dans de très nombreux filons, de type variable avec le district, soit dans les alluvions ou le lit de presque tous les rios de la contrée.

L'exploitation de l'or par les Indiens était déjà très importante avant la conquête des Espagnols, qui ne fut déterminée que par cette unique raison. Les conquérants obligèrent la population indienne à travailler pour leur compte ; puis le travail fut continué par des esclaves nègres.

Les Espagnols tirèrent, pendant tout le temps que dura leur occupation, du lit des torrents, de la surface du sol, ou des alluvions faciles à travailler, des quantités immenses d'or, ainsi qu'en témoignent les chroniques et mémoires contemporains et de nombreuses pièces officielles. M. Vicente Restrepo, dans l'excellent livre qu'il a publié sur les mines d'or et d'argent de Colombie. (*Estudio sobre las minas de Oro y Plata de Colombia*, por Vincente Restrepo, Marzo de 1884. Bogota), estime que la production des mines d'Antioquia a monté à peu près aux chiffres suivants :

Seconde moitié du seizième siècle . . . . Piastres.   10.000.000
Dix-septième siècle. 50.000.000
Dix-huitième siècle. 70.000.000
De 1801 à 1882 . . . .   122.000.000

Produit total depuis la conquête. 252.000.000

Les 252,000,000 de piastres correspondent à peu près à un milliard un quart de francs.

La guerre de l'Indépendance et l'affranchissement des esclaves n'influèrent que fort peu sur le travail des mines d'or qui fut continué sans interruption par la population.

De 1869 à 1883, il a été exporté d'Antioquia 29.862.000 piastres.

En 1882, l'exportation de l'or et de l'argent a monté à 2,700,000 piastres; aujourd'hui, par suite de la crise financière, l'exportation annuelle a plus que doublé et est estimée à plus de 4.000.000 de piastres.

On a commencé en Antioquia l'exploitation régulière des premiers filons vers 1825, date de l'introduction des pilons; cette exploitation s'est développée depuis cette époque, surtout dans les districts de Remedios, d'Anori et de Titiribi. Actuellement on ne compte pas moins de 600 mines d'or de filons ou d'alluvions en exploitation; mais nous devons ajouter que presque toutes ces mines ne sont travaillées que par quelques ouvriers, et pour leur propre compte. Après un voyage d'études de plusieurs mois en Antioquia, nous croyons pouvoir dire que les gisements aurifères du pays, sauf quelques exceptions, ont été à peine effleurés dans leur ensemble et qu'ils peuvent être considérés pratiquement comme vierges, au point de vue de la grande industrie minière.

On comptait en Antioquia, en 1871, 10,652 mineurs hommes; nous estimons que ce nombre est bien près d'être doublé aujourd'hui. Une seule Compagnie, celle du Zancudo, emploie à elle seule environ 950 ouvriers; le district de Remedios occupe certainement plus de 2,000 ouvriers réguliers à l'exploitation de ses filons. Le personnel ouvrier des mines est excellent, comparable à un personnel européen ordinaire, et supérieur à ce dernier sous le rapport de la fidélité et de la régularité du travail. On y trouve des mineurs, des boiseurs, des charpentiers, des forgerons, etc. Le personnel secondaire est aussi très nombreux; il a une très grande réputation d'honnêteté justement méritée; il peut fournir à une grande entreprise de mines les contremaîtres, surveillants, directeurs de travaux, etc, etc. L'ouvrier comme le contremaître colombien, est très intelligent; il a le plus vif désir d'apprendre et possède la qualité inestimable de connaître les caractères spéciaux de ses mines par une expérience transmise de générations en générations.

La réunion rapide d'un important personnel pour la mise en exploitation d'une

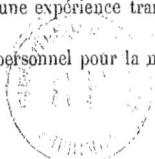

3

mine ne présente donc aucune difficulté. Nous pourrions citer certaines Compagnies qui ont pu réunir en quelques semaines, dans un point désert et éloigné de tout centre, plus de 350 hommes sur les chantiers.

Le prix de la main-d'œuvre est très bas en Antioquia : la journée moyenne d'un ouvrier de mines revient, nourriture comprise, compte tenu du change, à 2 francs ou 3 francs par jour selon le district.

Le bas prix de la main-d'œuvre est d'une importance capitale pour la prospérité de l'industrie minière; c'est en effet l'élément dominant du prix de revient dans toute exploitation. Il permet de considérer comme très riches et très rémunérateurs en Antioquia, des gisements qui ne pourraient couvrir leurs frais dans des pays aurifères où la journée d'ouvrier ressort de 10 à 20 francs. (Presque tous les pays aurifères actuellement connus, Amérique du Nord, Australie, Transwaal, Vénézuéla, Guyane, etc., etc., se trouvent dans ce dernier cas.)

Deux autres éléments constitutifs du prix de revient d'une exploitation se trouvent aussi en Colombie dans des conditions très avantageuses. Partout, on peut utiliser avec des dépenses très minimes les forces motrices naturelles produites par de nombreux cours d'eau à pentes très rapides ou à chutes nombreuses; partout aussi, les immenses forêts vierges du pays fournissent sur place à la mine les bois de toute nature dont elle peut avoir besoin.

Les deux charges qui pèsent, et assez lourdement, sur l'industrie minière en Colombie sont les impôts et les prix de transport.

Les impôts ou redevances, tant sur les concessions que sur les exploitations, sont tellement minimes qu'ils ne valent pas la peine d'être mentionnés. Par contre, les droits d'entrée sur le matériel de toute nature en Colombie sont les suivants :

Droit par kilogramme pour les machines propres au travail des mines et fabriques (loi du 26 octobre 1886.). . . . . 0,01 de piastre.

Droit par kilogramme sur les fers et aciers en rails, pompes, machines hydrauliques, pilons pour bocards et mèches pour mines. . . . . 0,05 —

Droit par kilogramme sur les poudres ordinaires ou à base de fulmi-coton. 0,05 —

Droit par kilogramme sur le mercure. . . . . 0,05 —

Le droit de 0,05 de piastre ou de 0 fr. 25 c. par kilogramme est certainement exagéré; il est juste d'ajouter cependant que les droits de douane sont payés en papier de l'État dont le change actuel est de 80 0/0 ; ce qui réduit pratiquement les droits de douane de près de moitié.

' Les prix de transport dépendent naturellement de la distance que le matériel doit parcourir à dos de mules. Nous donnerons ici comme exemple le prix détaillé du transport total d'une charge de 150 kilogrammes de New-York à Medellin. Ce prix peut être considéré comme le prix moyen de transport d'une charge, d'Europe ou des États-Unis en un point quelconque d'Antioquia ; il dépasse en tout cas le prix du transport pour les mines qui font l'objet de ce rapport.

Prix de transport d'une charge de 150 kilogrammes de New-York à Medellin (calculé en francs) :

1° Fret de New-York à Savanilla ou Carthagène. . . . . . Fr.   20

2° Fret de Carthagène à Puerto Berrio, (navigation fluviale). .   12

3° De Puerto Berrio à Pavas (chemin de fer).   4

4° De Pavas à Medellin (150 kilomètres à dos de mules) en moyenne   50

Total pour le transport d'une charge. . . . Fr.   86

En ajoutant les différentes commissions et les assurances, on arrive à une somme d'environ 100 francs pour une charge de 150 kilogrammes, c'est-à-dire à un prix total de 0 fr. 70 c. à 0 fr. 85 c. par kilogramme de matériel, y compris l'impôt à l'importation, qui varie suivant la nature de la marchandise.

La législation minière de Colombie a été en grande partie établie sur le code des mines français ; elle est éminemment protectrice des intérêts miniers, tout en étant plus libérale que la loi française à beaucoup de points de vue, tels que l'usage des terrains, des bois, la prise de possession des eaux, etc. La législation minière fonctionne très régulièrement et donne toute protection. Nous pouvons dire que pas un pays au monde n'offre à l'Européen et au capital européen une protection et une sécurité plus grandes à tous les points de vue qu'Antioquia. Gouvernement et particuliers appartenant à l'un ou à l'autre des partis politiques du pays rivalisent vis-à-vis de l'étranger de généreuse hospitalité et de protection courtoise, aussi bien en temps régulier que dans les époques troublées de guerre civile. Nous croyons de notre devoir de constater ici ce fait qui est tout à l'honneur du caractère des habitants.

Le mauvais système d'organisation des Compagnies de mines en Colombie a jusqu'à présent empêché le développement en grand des entreprises minières.

Lorsqu'une mine est découverte, la propriété de cette mine est toujours divisée en 24 vingt-quatrièmes. L'exploitation est alors commencée sans aucun capital par les découvreurs et quelques parents ou amis, ouvriers comme eux. Au bout de peu de temps, les découvreurs ne retirant pas de la mine nouvelle la fortune qu'ils en espéraient, recèdent tout ou partie de la propriété moyennant une somme dérisoire à un capitaliste du pays. Celui-ci reprend à son tour, associé à quelques amis ou parents, l'exploitation de la mine, en employant soit les découvreurs eux-mêmes, soit un contremaître, et en faisant quelques avances d'argent insignifiantes. Si la mine ne fait pas ses frais et ne fournit pas l'argent nécessaire aux premières installations, l'exploitation est de nouveau arrêtée.

Il faut en Colombie, pour qu'une mine soit exploitée, que depuis le premier jour, elle se suffise à elle-même et fournisse au moins, chaque mois, l'argent nécessaire aux dépenses d'exploitation du mois suivant. Lorsqu'une mine a pu parvenir à une exploitation régulière, tout le bénéfice est partagé chaque mois entre les propriétaires souvent fort nombreux. S'il survient un arrêt ou un accident quelconque dans les travaux, aucun des associés, quelque confiance qu'il ait dans l'avenir de la mine, ne veut consentir à faire les avances nécessaires d'argent pour son propre compte, et encore moins pour le compte des autres. La mine se trouve ainsi forcément arrêtée, sans être pour cela abandonnée, les propriétaires attendant toujours du hasard l'heureuse circonstance qui leur permettra de reprendre l'exploitation.

Nous devons ajouter que les capitalistes du pays, entre les mains desquels se trouvent toutes les mines importantes, ne les visitent jamais, qu'ils ne les connaissent même pas, sauf de rares exceptions, et qu'ils en abandonnent la direction absolue à un homme souvent très capable comme contremaître, mais ne possédant aucune des qualités d'un directeur.

En résumé, toutes les mines de Colombie qui ont eu à un moment donné ou qui ont encore une certaine valeur, se sont créées et développées sans le concours d'un capital quelconque; un assez grand nombre d'entre elles ont été arrêtées sans motif sérieux, ou à la suite d'accidents d'exploitation qui, au point de vue européen, ne présenteraient aucune importance.

DEUXIÈME PARTIE

Rapport sur la mine de Cristales.

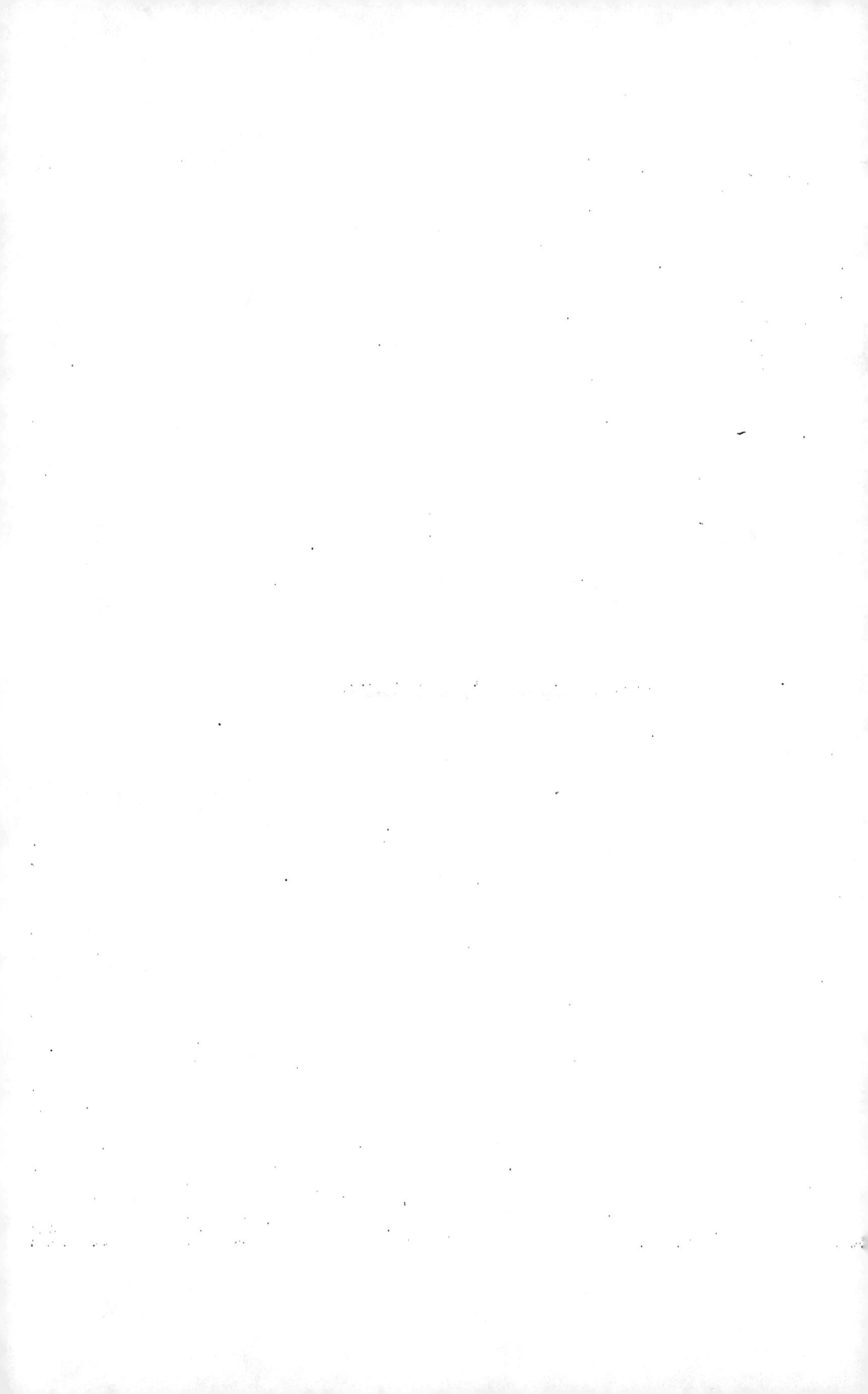

DEUXIÈME PARTIE

RAPPORT SUR LA MINE DE CRISTALES

Le rapport sur la mine de Cristales sera divisé en sept chapitres qui sont :
1° Situation géographique. — Voies d'accès et de communication.
2° Historique du district aurifère de Remedios.
3° Filon de Cristales. — Filons croiseurs. — Travaux d'exploitation du filon de Cristales.
4° Richesse et teneur des minerais de Cristales.
5° Installations actuelles de la mine de Cristales. — Installations projetées et nouveaux travaux à exécuter pour la reprise en grand de l'exploitation.
6° Prix de la main d'œuvre. — Prix de revient par tonne.
7° Exploitation et résultats probables.

CHAPITRE PREMIER

Situation géographique. — Voies d'accès et de communication.

La mine de Cristales (filons), connue en Antioquia comme la mine d'or la plus célèbre et la plus riche de ce pays, fait partie de l'important district aurifère de Remedios. Elle est située (voir planche II) à l'extrémité N.-E de ce district entre la *Quebrada* de Doña Teresa et le rio San Nicolas, à une demi-heure environ de la petite ville de Segovia, centre actuel du district minier, et à deux et demie de la ville de Remedios, chef-lieu et ancien centre du district.

Sarragoza est actuellement le port fluvial qui met, au point de vue des transports, le district de Remedios, et par conséquent la mine de Cristales, en communication avec la mer par l'intermédiaire des rios Nechi et Cauca.

Il faut dix-neuf heures et demie de marche pour se rendre de Sarragoza à Cristales, ce qui correspond à trois journées de mules de charge, Le chemin est presque toujours en terrain plat et ne présente qu'une seule montée de quelque importance. La distance de Cristales à Medellin, capitale d'Antioquia, est d'environ 200 kilomètres ; il faut quarante-sept à quarante-huit heures de marche pour parcourir ce chemin.

Le petit plateau de Remedios, qui s'étend sur une dizaine de kilomètres de longueur, depuis Remedios au Sud jusqu'à Cristales au Nord, forme le prolongement et presque la fin de la grande Cordillère orientale. Son altitude est comprise entre et 640 715 mètres. Il est constitué par une poussée de roches syénitiques, de grain et de dureté variables, passant par place au granite ; il est recoupé par trois vallées principales où coulent les rios Playa ou Aporreado, Quebrada de Dona Teresa et San Nicolas. Ces trois rios se réunissent pour former le rio de Santiago, qui coule au milieu d'une belle et large vallée alluvionnaire.

Le Rio de Santiago, après une chute d'une certaine hauteur (Salto de Santiago) se réunit au rio Bagre pour se rendre de là au Nechi et à la mer.

Il résulterait de renseignements que nous avons recueillis de différents côtés, qu'on pourrait remonter le rio Bagre en canot depuis son embouchure jusqu'à un point situé à quelques kilomètres seulement de la vallée de Santiago, et où se trouve une importante chute du Bagre. Ce fait mériterait d'être vérifié ; il aurait en effet une importance considérable pour les deux mines de Santiago et de Cristales en permettant d'amener par eau jusqu'à une faible distance de ces mines le matériel nécessaire à leur exploitation.

Les trois rios Aporreado, Dona Teresa et San Nicolas reçoivent les eaux d'un certain nombre de petits affluents, ruisseaux ou ravins ; ces rios ont un débit modéré, mais permanent et sensiblement régulier en toutes saisons. Leur largeur moyenne est de quelques mètres et leur profondeur varie de un à deux pieds.

Ils prennent naissance tous trois à la limite occidentale du plateau, sur la ligne de crête. Leurs vallées, dont le niveau se confond tout d'abord avec celui du plateau, s'élargissent et s'approfondissent peu à peu à mesure qu'elles se rapprochent de la vallée de Santiago et découpent ainsi le plateau de Remedios, à la partie inférieure de leur cours, en une série de hautes collines dont les sommets conservent encore l'altitude moyenne du plateau. Quelques kilomètres avant de former le rio Santiago, les trois rios présentent une série de chutes, de cascades et de rapides qui atteignent une hauteur moyenne de 70 à 80 mètres. Les eaux, sur toute la surface du plateau, peuvent être facilement employées et aménagées pour forces motrices. Les nombreuses exploitations du plateau de Remedios n'utilisent encore actuellement qu'une très faible partie de ces forces naturelles.

Le plateau de Remedios est couvert de magnifiques forêts vierges où l'on trouve tous les bois nécessaires à l'industrie des mines. Malgré l'existence des forêts, le climat du district, y compris celui de la vallée de Santiago, est très sain, grâce aux grands courants d'air réguliers et à l'écoulement rapide des eaux. La température moyenne, assez élevée, atteint 23° centigrades. Le climat de Remedios, nous pouvons l'affirmer, ne présente aucun danger particulier pour les Européens et les ouvriers du pays qui viennent en grand nombre des terres *froides*.

Le plateau est recoupé par un grand nombre de filons, dont la direction est généralement comprise entre N. 15°. E. et N. 25°. E. Le pendage de ces filons est d'environ 30° vers l'Est et leur épaisseur est comprise entre 0^m,50 et 1 mètre.

Les filons de Remedios ne sont pas minéralisés sur toute leur longueur. L'or est toujours concentré dans certaines parties ou colonnes dont les dimensions et la richesse varient avec les filons et le point du filon que l'on considère. En dehors des colonnes riches, les filons ne sont plus constitués que par du quartz sans minéralisation et peuvent être considérés comme pratiquement inexploitables. Dans les colonnes riches, le filon, outre le quartz, contient toujours une forte proportion de pyrite de fer et de galène. La richesse d'une colonne dépend de la proportion de ces deux minéraux, qui parfois, comme à Cristales, arrivent à former le remplissage entier du filon. Le quartz des filons de Remedios présente toujours une tendance à la cristallisation; il forme souvent même de belles géodes, tapissées de grands cristaux, aussi bien dans les colonnes riches que dans les parties pauvres. La galène est toujours très finement cristallisée, tendre et friable sous les doigts, en donnant une poudre noire ; les pyrites sont grenues, fortement cristallisées, généralement tendres et friables. Exposées à l'action de l'air et de l'eau, elles s'altèrent et s'oxydent assez facilement.

Le filon de Cristales proprement dit suit le ravin de Cristales (voir planche III). Ce ravin s'est creusé peu à peu, sur l'affleurement même du filon, une vallée étroite et profonde d'une soixantaine de mètres environ. La colonne riche qui a fait la réputation de cette mine affleure à peu près vers le centre et dans le lit même du ravin. Les installations de la mine, maisons, pilons, etc., sont échelonnées sur le versant occidental de la vallée.

Les eaux de la partie supérieure du ravin de Cristales sont détournées par un canal ou *acequia*. En temps même de grandes pluies, l'affleurement de la colonne riche du filon reste à sec; mais par les temps de tempêtes, l'*acequia* ne suffisant plus à l'écoulement des eaux, celles-ci se répandent dans le ravin et viennent courir sur l'affleurement. Le ravin, au-dessous de celui-ci, contient toujours une certaine quantité d'eau, amenée par diverses *acequias* et déjà utilisée comme force motrice.

L'altitude du fond du ravin, à son point de réunion avec le San Nicolas, peut être estimée à environ 600 mètres. Le San Nicolas, sur les concessions de Cristales, a une largeur comprise entre 5 et 8 mètres. Son débit, relativement important, est comparable à celui d'une de nos petites rivières d'Europe. A 200 mètres de sa jonction avec le ravin de Cristales, il présente une petite chute de quelques mètres de hauteur. 200 mètres plus loin, il forme une grande chute d'une hauteur totale de 60 à 70 mètres. Deux autres petites chutes se rencontrent encore, avant d'arriver au point où il reçoit les eaux du rio Popales.

Le rio Popales est moins important : on y constate aussi une chute, mais qui n'est pas comparable à celle du San Nicolas.

La vallée où se trouve le filon de Cristales est entièrement défrichée; mais le reste de la surface des concessions est encore couvert de forêts vierges, pouvant fournir tous les bois nécessaires à l'exploitation d'une mine. Le terrain déjà défriché, comme celui qui pourrait l'être par la suite, est très fertile. Il constitue d'excellent pâturage pour le bétail qu'on entretient toujours en Colombie sur les exploitations de mines.

Les collines qui entourent de toutes parts la mine de Cristales n'ont guère que 650 mètres d'altitude, soit 50 mètres environ de hauteur au-dessus du fond même du ravin.

La mine de San Nicolas, actuellement en exploitation, est située à un quart d'heure de distance environ de Cristales. Le filon qu'elle exploite recoupe le rio du même nom à une distance de 2 kilomètres environ de la colonne riche de Cristales.

CHAPITRE II

Historique.

Le district aurifère de Remedios fut découvert par les Espagnols en 1560, époque à laquelle la ville de Remedios fut fondée par un des chefs des conquérants, Don Francisco Martinez de Ospina. Les alluvions, ou plutôt les graviers aurifères qui furent travaillés de suite par les Espagnols, étaient d'une extrême richesse.

Fray Pedro Simon, l'un des historiens de la conquête, qui passa à Remedios vers cette époque, en parle en ces termes (*Vicente Restrepo*, ouvrage déjà cité) :

« Ce sol (district de Remedios) est un des plus riches qu'aient encore décou-
» vert les hommes. Les Indiens retiraient du gravier des ruisseaux et des ravins
» de l'or à poignées comme grains de blé et de maïs, ainsi que beaucoup de
» pépites plus grosses que des noisettes. La ville était située si près des mines
» que tout le monde s'occupait au travail de l'or, de telle sorte qu'on en retira
» en peu de jours une telle quantité, que personne ne se donnait plus la peine

» de le recueillir. On commença alors à acheter des esclaves nègres qui furent
» envoyés par troupes par les négociants de Carthagène, et les Indiens ne furent
» plus employés que pour les semailles et la récolte du maïs. En moins de deux
» ans, Remedios devint, eu égard à son importance, le centre le plus riche de tous
» ceux qui existaient dans ces Indes. Pour vingt Espagnols qui constituaient la
» population blanche, il y avait plus de deux mille nègres esclaves. Le moins
» que produisait une semaine de travail d'esclave était 10 piastres d'or ; beau-
» coup d'esclaves produisaient cette quantité en un jour, et certains arrivaient
» jusqu'à 30, 40 et même 100 piastres d'or. Il arriva même qu'un esclave en
» une seule journée produisit jusqu'à 500 piastres. Pendant de nombreuses se-
» maines, le capitaine Diego de Ospina retira pour sa part 2,500 piastres, de
» sorte que lui-même en vint à me raconter qu'à lui seul, il avait payé en
» redevance au roi, à raison du quinzième qui est le tarif de faveur fait à ce
» district, plus de 60,000 piastres d'or (ce qui correspond pour la part de Diego
» de Ospina à plus de 900,000 piastres). »

Fray Pedro Simon conclut en disant : « D'après ce que l'on sait plus ou moins
» de l'extraction de l'or, on a payé comme redevance aux caisses royales depuis
» le commencement (c'est-à-dire de 1594 à 1620) plus de 400,000 piastres à rai-
» son du quinzième (le produit total des mines de Remedios dépassant ainsi
» 6,000,000 de piastres). »

L'exploitation des Espagnols avait porté tout d'abord sur les alluvions élevées
recouvrant de petites collines ou des monticules (aventaderos) et sur les affleurements décomposés et pourris sur place, de certains filons qui, par suite de leur
faible inclinaison, formaient comme des épanchements à la surface du sol,
(mantos).

Depuis l'époque de la conquête, l'exploitation des alluvions du district de Remedios n'a jamais été arrêtée ; elle a lieu, en tous cas, encore actuellement, par
des procédés absolument primitifs, sur des alluvions restées presque vierges
par suite des difficultés que présente leur exploitation.

Vers 1840 seulement, on commença l'exploitation des filons du district de Remedios. Ces filons, dans leurs parties ou colonnes riches, furent attaqués avec
les procédés du pays. Certaines colonnes riches abandonnées ont déjà été reprises et sont aujourd'hui de nouveau en pleine exploitation ; d'autres n'attendent
que la dépense d'un certain capital et l'initiative de leurs propriétaires.

La mine de Cristales a été découverte en 1843 par suite de l'abondance de l'or
roulé qui se trouvait à cette époque dans la partie basse du ravin. Elle fut attaquée pour la première fois en 1847 et exploitée pendant quatre ou cinq ans, pro-
duisant une livre d'or par jour.

Elle fut arrêtée brusquement dans son exploitation, comme le raconte
M. Vicente Restrepo (ouvrage déjà cité) pour un motif qui serait incroyable s'il

n'était connu de tous en Antioquia. M. Restrepo dit à ce sujet : « La mine de
» Cristales, qui est une des plus riches d'Antioquia, fut abandonnée par suite
» d'un caprice. Il y a environ trente-cinq ans (1849) ou un peu plus, alors qu'elle
» était en exploitation régulière et produisait à raison d'une livre d'or par jour,
» un des propriétaires les plus importants se trouvait être un médecin anglais
» bien connu, le docteur J... Ce docteur avait une idée certainement bien
» originale ; chaque mois il recevait l'or correspondant à sa part de propriété,
» mais se refusait à payer sa part contributive dans les frais. Le principal pro-
» priétaire de la mine de Cristales fut dégoûté d'un pareil procédé et donna
» l'ordre au directeur d'abandonner la mine, qui ne fut remise en exploitation
» qu'une vingtaine d'années après. »

Les travaux souterrains qui datent de 1849 correspondent à un puits situé à
l'extrémité sud de la colonne riche (puits Chimborazo) et encore visible à la surface :
ils sont désignés sous le nom d'anciens travaux de Pedro Vasquez, nom du pro-
priétaire principal qui ordonna l'abandon de la mine. Ce ne fut qu'en 1868 que
les propriétaires actuels de la mine de Cristales, presque tous héritiers ou descen-
dants de Pedro Vasquez, pensèrent à reprendre cette mine. Elle fut étudiée à
cette époque par un ingénieur suédois, M. Carlos de Greiff, qui fut en Colombie
un des créateurs de l'exploitation des filons et jouissait d'une très grande réputation. M. de Greiff, son étude terminée, écrivait aux propriétaires que la mine
de Cristales, une fois installée, serait assurément la mine d'or la plus riche du
pays. En septembre 1868, un petit moulin d'essai allait être fini, et les travaux
allaient commencer (Extrait d'une lettre de M. de Greiff du 6 septembre 1868.) (1).

Depuis la fin de l'année 1868, l'exploitation de la mine de Cristales a été
continuée d'une façon plus ou moins irrégulière jusqu'au 21 mai 1883. Les travaux ont quelquefois été interrompus pendant plus de trois mois, comme cela
eut lieu par exemple à la suite d'une inondation, de septembre 1881 à février 1883
(Carnet des contrats de galeries).

La colonne riche de Cristales affleure, comme nous l'avons dit, dans le lit du
ravin ; or, par une négligence inconcevable, les travaux furent ouverts, dès le
début de l'exploitation, à même de l'affleurement et poussés souterrainement sans
laisser de massifs de protection contre les eaux. Cette méthode de travail ne
présentait pas grand inconvénient en temps ordinaire, quand le ravin était à

(1) Il n'existait à la compagnie de Cristales, comme c'est le cas général pour de Compagnies de mines de
Colombie, aucune Comptabilité régulière digne de ce nom. Nous avons réussi cependant à réunir un grand
nombre de documents de toute nature, feuilles de paye, de production, carnets de contrats, lettres de directeurs, etc. Tous ces documents dépouillés par nous, nous ont fourni de nombreux chiffres et renseignements
que l'on trouvera consignés dans ce rapport.

sec ; mais lors d'une tempête, les eaux débordant des *acequias* dans le ravin allaient se précipiter dans les travaux souterrains qu'elles remplissaient plus ou moins complètement. Les premières années, les travaux souterrains étant peu profonds et peu développés, la quantité d'eau pénétrant dans les travaux était peu considérable, et pouvait s'extraire rapidement au moyen de deux pompes en bois qui existent encore et sont actionnées par une roue hydraulique. A mesure qu'avançait l'exploitation, les travaux devenant plus profonds, les inondations y laissaient des quantités d'eau croissantes à l'épuisement desquelles il fallait consacrer un temps de plus en plus considérable. On arriva ainsi peu à peu vers les années 1881, 1882, 1883, au point de se trouver en lutte continuelle avec les eaux torrentielles extérieures, l'exploitation se trouvant presque toujours arrêtée dans les étages inférieurs où se trouvait le minerai à extraire. La grande tempête du 21 mai 1883 vint sur ces entrefaites inonder complètement la mine. La Compagnie de Cristales se décida alors, sur les conseils de son directeur anglais, mort depuis, à établir dans le lit du ravin un canal en bois, au-dessus des parties exploitées. On répara aussi les *acequias*, les pompes, etc... Ces divers travaux coûtèrent aux propriétaires une cinquantaine de mille francs. Le directeur avait proposé en même temps de creuser à partir du pied de la chute du San Nicolas, une galerie de 700 à 800 mètres de longueur destinée à servir de galerie d'écoulement et d'exploitation. Ce projet de galerie, adopté en principe par les propriétaires de la mine, mit tout en suspens par suite du temps considérable et de la dépense relativement élevée que nécessitait sa réalisation.

Depuis 1883, les propriétaires de Cristales ont toujours été sur le point de reprendre les travaux et ont toujours reculé devant les dépenses et les versements mensuels qu'ils avaient à faire individuellement. Telle était encore la situation, il y a quelques mois, lorsqu'intervint entre les propriétaires de la mine de Cristales et la Société d'études Franco-Colombienne le contrat à l'occasion duquel le présent rapport a été écrit.

Dans le voyage d'études et de vérifications sur place que nous avons fait à Cristales, nous avons pu, avec le concours de M. Tulio Ospina, directeur de l'École des Mines de Medellin et représentant les propriétaires de la mine, arrêter un plan de travaux, autre que celui que proposait l'ancien directeur, et qui écarte complètement l'inconvénient que présentait celui-ci relativement au délai d'exécution.

Au moyen des nombreux documents qui ont été mis à notre disposition (feuilles mensuelles de production d'or, etc.), nous avons eu la bonne fortune d'arriver à reconstituer la production mensuelle d'or de la mine de Cristales depuis le 24 août 1871 jusqu'au 21 mars 1883, sauf sept mois que nous avons cru pouvoir interpoler. Nous avons retrouvé, en outre, le total de la production depuis le commencement des travaux (fin de l'année 1868) jusqu'au 24 août 1871.

Nous avons ainsi déterminé la quantité totale d'or produite par la mine de Cristales pendant toute la durée de l'exploitation ; c'est cette production que nous donnons dans le tableau ci-dessous, divisée par année, en livres d'or espagnoles de 460 grammes.

Production, en livres d'or de 460 grammes, de la mine de Cristales pendant toute la durée de l'exploitation de cette mine, depuis fin 1868 jusqu'au 21 mai 1883 :

				Liv. Millième
Production totale	rs.	Moyenne pour l'année 1869 . . .		182,285
pour les années	546.856	—	1870 . . .	182,285
1869, 1870, 1871.		—	1871 . . .	182,285
Production de l'année 1872				292,137
— 1873				381,150
— 1874				366,843
— 1875				252,252
— 1876				195,630
— 1877				110,456
— 1878				359,254
— 1879				356,080
— 1880				330,384
— 1881				282,720
— 1882				235,630
Production de cinq mois jusqu'au 21 mai 1883				120,500
TOTAL GÉNÉRAL.				4.029,891

Soit 1,853 kil. 749 gr.

Nous tenons à faire quelques remarques sur les chiffres que nous venons de donner. La production, relativement peu élevée pendant les premières années de l'installation, monte ensuite à un maximum de 381 livres en 1873, époque à laquelle, les installations étant terminées, le travail ne devait pas encore présenter de difficultés par suite du peu de profondeur de la mine. Les années 1875, 1876 et 1877 correspondent à des années de troubles politiques où furent mêlés les principaux propriétaires de la mine. Pendant les années 1878, 1879 et 1880, malgré les difficultés croissantes que devait rencontrer l'exploitation, la moyenne de production se maintient régulière. En 1881, 1882, 1883, la baisse dans la production paraît due exclusivement aux inondations, comme nous l'avons pu vérifier sur le carnet des travaux, tout au moins pour 1882.

Nous pensons que les chiffres que nous venons de citer nous permettent déjà de conclure que la mine de Cristales a été en production régulière jusqu'au jour de son arrêt, dû, non à une disparition de la mine en profondeur, mais à un accident, c'est-à-dire à l'inondation du 21 mai 1883.

Le chiffre de 4,029 livres d'or pour une exploitation de quinze ans environ pourra paraître faible au premier abord, si l'on se place au point de vue européen; mais il faut tenir compte ici de ce que la mine de Cristales a été exploitée par le système et avec les errements colombiens, et que sa production annuelle en minerai n'était qu'une très minime partie de ce qu'elle aurait dû être, eu égard à la nature du gisement que nous allons décrire dans le chapitre qui suit.

CHAPITRE III

Filon de Cristales. — Filons croiseurs. — Travaux d'exploitation du filon de Cristales.

Le filon de Cristales, tout au moins dans sa partie riche, a une direction d'environ N. 25° E. et un pendage vers l'Est compris entre 27° et 30°. L'affleurement de ce filon n'est plus visible dans le ravin, où il a été exploité et recouvert par un canal en bois et en pierres sèches.

En remontant vers le Sud, à partir du puits Chimborazo, l'affleurement du filon se trouve à une soixantaine de mètres du puits, formant une espèce d'épanchement qui recouvre une certaine surface du versant occidental de la vallée (voir planche III). Le filon possède en ce point (A) une épaisseur de 0m,75 à 0m,80. Près du mur, en un point et sur une vingtaine de centimètres d'épaisseur, le filon est légèrement scoriacé, minéralisé et coloré en brun rougeâtre par de l'oxyde de fer; le minerai contient en cet endroit quelques mouches d'or bien visibles, comme nous l'avons vérifié nous-mêmes en cassant un certain nombre de morceaux au marteau. La direction est ici N. 30° E.; le pendage de 28°.

Un peu en avant du moulin de Cristallino, le filon de Cristales est recoupé, près du point où il est croisé par le chemin de San Nicolas, par deux petits filons (a) distants l'un de l'autre de 1m,30 environ. Leur épaisseur n'est que de quelques centimètres, leur direction N. 55° O. et leur pendage de 35° à 40° vers le Nord. Ces deux petits filons paraissent avoir été recoupés, mais sans succès, par une petite galerie située de l'autre côté du ravin.

Un peu au delà du moulin de Cristallino, au point marqué (B) sur le plan, le filon est nettement stérile; il a une épaisseur de 1m,60. En (C.) sa direction fait avec le Nord un angle de 30°; son pendage est de 40° et il paraît faire une inflexion ou un coude brusque. En (C.) le filon a été suivi par une petite galerie d'une dizaine de mètres. Sa direction est N. 40° E., son épaisseur 1^m,60, et il est complètement stérile. A partir du point (D) l'affleurement continue à être visible, tout au moins par places, sur le chemin qui conduit à l'Alto de Honduras. En un point, on y rencontre de beaux cristaux bien cristallisés et transparents de quartz (Cristales). A l'Alto de Honduras, limite de la concession de Cristales, se trouvent quelques anciens travaux indiens. A partir de l'Alto de Honduras, le filon passe dans la concession de la Hondura, où il forme une colonne minéralisée, exploitée autrefois, et dont les travaux sont aujourd'hui arrêtés.

Lorsque, du puits de los Italianos, on se dirige vers le Nord, l'affleurement est presque partout recouvert par des éboulis de pierres. Au point désigné sous le nom de puits Esperanza, le filon a été recoupé par un petit puits et une petite galerie. Son épaisseur, en ce point, est de moins d'un pied et il n'est formé que de quartz compact et pauvre. Les travaux du puits Esperanza ont été abandonnés, faute de moyens d'épuisement.

A 60 mètres du puits de los Italianos et à 33 mètres du puits Espéranza, le filon de Cristales est recoupé par un filon croiseur (b) de quelques centimètres d'épaisseur ; de l'autre côté du ravin, ce même filon présente déjà une épaisseur de 0^m,20 à 0^m,30 avec indices de minéralisation.

L'affleurement du filon de Cristales va se perdre au delà du puits Esperanza, sous une petite plage ou *playa* qui contient une grande quantité de débris de filons, tous plus ou moins minéralisés. Ces débris de filons proviennent, soit de la colonne riche de Cristales, soit même d'une autre colonne riche qu'ils recouvrent et qu'ils dissimulent. Au point (e) nous avons ramassé un certain nombre de morceaux de minerais entièrement oxydés, avec mouches d'or parfaitement visibles. Au delà de la *playa*, le filon de Cristales doit traverser le rio San Nicolas et recouper la colline recouverte de forêts vierges qui sépare ce rio du rio Popales. Les débris de filons (*Riegos*) sont très abondants, paraît-il, sur cette colline. Nous avons été personnellement à leur recherche, mais nous nous sommes perdu dans la forêt sans les trouver. Deux hommes, envoyés le lendemain, nous ont confirmé avoir rencontré des débris de filons en plusieurs endroits, mais ne nous ont rapporté que des échantillons sans grande importance. Nous estimons cependant que le filon de Cristales peut et doit être poursuivi et reconnu dans cette partie de la concession, où l'on rencontrera peut-être une nouvelle colonne riche.

En descendant le cours du San Nicolas, ce rio, un peu avant sa première chute, est traversé par un filon croiseur (c) qui, d'après les dires des ouvriers, serait minéralisé ; nous n'avons pu vérifier le fait, ce filon se trouvant complètement caché sous l'eau lors de notre passage.

Enfin dans la *Cañada* du Pedrero, nous avons personnellement constaté l'existence d'un croiseur (d) de direction 55° à 60°, avec un pendage de 38° vers le Nord. Ce filon, qui ne présentait tout d'abord, au point où nous l'avons vu, que quelques centimètres d'épaisseur, a atteint 15 à 20 centimètres après un premier nettoyage d'une seule journée ; le filon du Pedrero est bien minéralisé au point où nous l'avons découvert et mérite certainement d'être suivi et reconnu en direction.

La *Cañada* du Pedrero contient en outre un grand nombre de débris de filons de très grandes dimensions, ce qui tendrait à faire croire qu'elle recoupe un ou plusieurs filons d'une certaine importance.

Avant notre passage à la mine de Cristales, le groupe des filons croiseurs de direction 55°, n'avait jamais appelé l'attention ; nous pensons cependant que ce groupe de filons, très développé sur la concession, mérite tout au moins la peine d'être prospecté avec soin, la découverte de quartz bien minéralisé au filon du Pedrero permettant certainement quelques espérances (voir les analyses que nous donnons plus bas).

La colonne riche du filon de Cristales, qui a motivé seule le présent Rapport, s'étend depuis le puits de los Italianos jusqu'au puits Chimborazo. Sa longueur totale, sans tenir compte des anciens travaux de Pedro Vasquez, sur lesquels nous n'avons aucuns renseignements, est d'environ 200 mètres. C'est sur cette colonne riche qu'a porté l'exploitation de 1868 à mai 1883, au moyen d'un puits vertical, puis ensuite incliné, désigné sous le nom de puits Vesuvio. Ce puits a recoupé le filon (voir planche III) à une profondeur de $9^m,60$. C'est à cette profondeur que se trouve le premier niveau ou niveau n° 1 de l'exploitation. A partir du niveau n° 1, il a été creusé sur le filon un puits incliné, d'une longueur de 35 mètres environ, d'après les plans de la mine et les renseignements que j'ai pu recueillir. Le fond de ce puits se trouve à environ 6 mètres au-dessous du dernier niveau, ou niveau n° 4. La partie du filon comprise entre le niveau n° 1 et le niveau n° 4 comprend deux autres niveaux, les niveaux 2 et 3.

En dépouillant un grand nombre de lettres adressées par les directeurs de la mine aux propriétaires, nous avons pu en extraire un nombre considérable de chiffres relatifs à l'épaisseur du filon, qui nous ont permis d'établir d'une façon aussi exacte que possible l'épaisseur moyenne de la colonne riche.

Pour le premier niveau, la moyenne portant sur 6 mesures donne une épaisseur de $0^m,76$.

Pour le second niveau, la moyenne portant sur 23 mesures donne une épaisseur de $0^m,68$.

Pour le troisième niveau, la moyenne de 8 mesures est de $0^m,62$.

Pour le quatrième niveau, la moyenne de 6 mesures est de $0^m,76$.

Enfin, neuf mesures que nous n'avons pu rapporter à aucun niveau précis par suite de notre ignorance de certains noms de galeries donnent une moyenne de $0^m,90$.

5

La moyenne totale générale de tous les chiffres que nous venons de donner ressort à 0ᵐ,76.

Cette épaisseur de 0ᵐ,76 est presque identique à l'épaisseur moyenne du pilier (α β γ) que nous avons pu voir nous-même en place dans la mine. Le filon a au point α une épaisseur de 0ᵐ,70 ; au point β, de 1 mètre, et au point γ, de 0ᵐ,45. Le pilier dont il est question ici mesure une longueur de 20ᵐ,20.

Des chiffres que nous venons de citer il résulte que l'épaisseur, dans la partie reconnue au quatrième niveau (0ᵐ,76) est au moins égale à l'épaisseur moyenne générale et qu'elle est même supérieure à l'épaisseur moyenne du filon aux deux niveaux précédents, ce qui nous permet de constater que la colonne riche du filon de Cristales n'a pas perdu de sa puissance au point le plus bas où il a été actuellement reconnu.

Ce fait si important a pu être vérifié indirectement par nous en dépouillant un carnet des travaux de galerie. Le filon étant plus tendre à Cristales que les *épontes* ou roches encaissantes, il en résulte que les prix payés au mètre d'avancement doivent, d'une façon générale, être en raison inverse de l'épaisseur même du filon. Or, la moyenne des prix des travaux d'avancement par mètre courant a été la suivante pour les différents niveaux par mètre courant :

Niveau nº 1 : 37 francs.
Niveau nº 2 : 67 francs.
Niveau nº 3 : 59 francs.
Niveau nº 4 : 50 francs.

Ces chiffres confirment encore nettement que le filon au niveau nº 4 était au moins aussi épais qu'aux niveaux nᵒˢ 2 et 3.

Nous nous croyons donc parfaitement autorisé à prendre 0ᵐ,75 pour l'épaisseur moyenne du filon de Cristales, et c'est ce dernier chiffre que nous emploierons dans les calculs qui suivront.

Les propriétaires actuels de la mine de Cristales ont bien voulu, lors de ma visite à cette mine, faire exécuter les réparations nécessaires aux *acequias*, aux pompes, etc… pour arriver à épuiser les eaux, tout au moins jusqu'au premier niveau et me permettre de voir en place un pilier de minerai restant encore à ce niveau.

Ce pilier, que nous avons désigné précédemment sous le nom de (α β γ) correspond à une des zones les plus riches de la colonne. Le minerai contient, outre le quartz, à structure généralement cristalline, une forte proportion de pyrite et un peu de galène. La proportion de pyrite dans certains points, comme en β, devient telle qu'elle constitue le remplissage pour ainsi dire complet du filon.

La pyrite est grenue, grossièrement cristalline, blanc-verdâtre et oxydée par places ; quand la pyrite est oxydée, de nombreuses mouches d'or natif, de très petites dimensions, se détachent très nettement sur le jaune-brun du peroxyde de fer. La galène est très fine et se présente sous forme de poudre ou d'enduit noirâtre. Le minerai de Cristales, par suite de la grande quantité de pyrite qu'il contient, est excessivement lourd ; nous pensons que sa densité moyenne est très voisine de 4.

Les travaux d'exploitation exécutés sur le filon de Cristales, d'après les plans et d'après nos renseignements, n'ont relativement que très peu d'importance. Leur faible développement peut être attribué tant au manque d'énergie de la direction qu'à la négligence des propriétaires, satisfaits de la rente mensuelle que leur servait la mine, sans prétendre à plus.

La surface du filon exploitée, telle qu'elle ressort du plan des travaux (voir planche III), est d'environ 3,350 mètres carrés. Prenant pour épaisseur moyenne 0^m,75, le cube de minerai enlevé correspond à 2,546 mètres cubes, ce qui donne avec une densité de 4, un chiffre de 10,184 tonnes de minerai.

Si nous estimons de plus que l'exploitation des affleurements ou de quelques lambeaux de filon à ciel ouvert a pu produire environ 2,000 tonnes, nous trouvons ainsi et nous admettrons que la production totale de minerai de la mine de Cristales jusqu'à ce jour a été d'environ 12,000 tonnes, soit pour quinze années d'exploitation, une production annuelle moyenne d'environ 800 tonnes.

CHAPITRE IV

Richesse et teneur des minerais de Cristales.

Nous avons vu précédemment que la quantité totale d'or extraite du filon de Cristales et expédiée à Medellin a monté à environ 4,029 liv. 891, ce qui, à 460 grammes par livre, correspond à un poids de 1,853 kil. 749. L'or de Cristales, tel qu'il provient du traitement des minerais, n'est pas pur ; il est toujours allié à une certaine quantité d'argent relativement élevée, comme c'est le cas dans tout le district de Remedios. M. Vicente Restrepo qui, dans sa fonderie de Medellin, a fondu et essayé pendant nombre d'années l'or des principales mines d'Antioquia, donne (livre déjà cité), dans un tableau général des titres des différents ors d'Antioquia, le titre de 580 millièmes pour l'or de Cristales. En adoptant ce chiffre, nous trouvons que les 1,853 kil. 749 d'or brut, produits à Cristales, correspondent à 1,075 k. 174 gr. d'or pur, valant en francs, au taux actuel de 3 fr. 43 c. le gramme d'or pur, trois millions 687,846 fr. 82 c., sans tenir compte de la valeur de l'argent allié à l'or. Cette valeur de 3,687,846 fr.

82 c. pour une production d'environ 12,000 tonnes minerai correspondrait, par tonne de minerai, à une valeur pratiquement extraite de 307 fr. 32 c.

Cette valeur de 307 fr. 32 c. par tonne de minerai est excessivement élevée et range la mine de Cristales parmi les mines d'or à minerai très riche; elle justifie plus que pleinement la grande réputation de richesse que possède cette mine parmi toutes les personnes qui, tant en Colombie qu'en Europe, s'en sont occupées ou en ont entendu parler. Elle correspond à 89 gr. 59 ou à près de 90 grammes d'or pur à la tonne de minerai.

Nous avons pu obtenir directement confirmation partielle de la réalité d'une pareille richesse. Ainsi, dans la partie indiquée comme la plus riche de la colonne, aux trois points marqués (α β γ) sur le pilier existant encore en place et mesurant 20 m. 20 de long situé au premier niveau, nous avons fait trois prises d'essai doubles, soit en tout six prises d'essai exécutées avec le plus grand soin (1).

Chacune de ces six prises d'essai a été essayée par voie sèche chez MM. Léon Petetin et C°; l'essai étant répété deux fois pour plus de sûreté, sur chaque prise.

Les résultats de ces essais sont consignés dans le tableau suivant :

				Par tonne. Or pur.	Par tonne. Argent pur.	Par tonne. Val. de l'or seul
(α)	1re prise d'essai.	1er essai.	gr. 192	gr. 240	Fr. 658 56
		2me —	192	240	658 56
	2me prise d'essai.	1er essai.	190	270	651 70
		2me —	190	270	651 70
(β)	1re prise d'essai.	1er essai.	300	660	1,029 »
		2me —	300	660	1,029 »
	2me prise d'essai.	1er essai.	300	690	1,029 »
		2me —	300	690	1,029 »
(γ)	1re prise d'essai.	1er essai.	162	270	555 66
		2me —	162	270	555 66
	2me prise d'essai.	1er essai.	162	270	555 66
		2me —	162	270	555 66
Moyenne générale des essais . .			gr. 217,66	gr. 400	Fr. 746 57

Nous avons dit que au point α l'épaisseur du filon est de 0m,70.

au point β — 1 mètre.

au point γ — 0m,45.

(1) Tous les essais que nous donnerons dans le cours de ces rapports ont été exécutés et répétés deux fois chez MM. Léon Petetin et C°, 39, rue des Francs-Bourgeois. Nos prises d'essai faites chaque fois sur place sur une quantité de 30 à 40 kilogrammes de minerai étaient mises immédiatement en sacs et cachetées de notre cachet. — Tous les cachets sont arrivés et ont été remis intacts entre les mains de M. Pétetin.

Ce chiffre de 217 gr. 66 d'or, moyenne des essais, correspondant à une valeur moyenne de 746 fr. 57 c. par tonne pour un pilier de 20 mètres de long, est plus du double de la moyenne générale de 90 grammes donnée précédemment. Il nous montre, comme on nous l'avait affirmé auparavant, que la partie centrale de la colonne, sur une longueur d'environ 75 mètres, est plus riche que les parties latérales, d'une longueur d'environ 125 mètres à elles deux.

De tout ce que nous venons d'exposer jusqu'à présent sur la richesse de la colonne du filon de Cristales, il résulte donc: que cette colonne contient des minerais dont la teneur en or monte jusqu'à une valeur de 1,000 francs par tonne, que la teneur moyenne d'un pilier de 20 mètres de long existant encore au niveau n° 1 correspond environ à 746 fr. 56, et qu'enfin la teneur moyenne du minerai exploité et traité pratiquement pendant les quinze années d'exploitation, telle qu'elle ressort de nos calculs, a dû monter à environ 307 fr. 32 par tonne;

Nous avons démontré précédemment qu'au niveau le plus bas actuellement connu, la colonne de Cristales n'avait rien perdu de sa puissance et de son épaisseur. Nous pouvons constater, grâce à un heureux renseignement, qu'il en est de même pour la richesse du minerai. Nous lisons, en effet, dans une lettre en date de mars 1882 adressée par le directeur de la mine de Cristales aux propriétaires, lettre que nous avons retrouvée personnellement en dépouillant de vieux papiers de la Compagnie, que : « Au bout de la galerie n° 4 au sud (en » un point correspondant à peu près au point δ (voir planche III), le filon pré- » sentait une épaisseur de 0ᵐ,60 ; que 40 arrobes de minerai provenant de ce » point et grillées avaient donné à l'amalgamation 80 castellanos d'or. »

40 arrobes de minerai correspondent à 460 kilogr. de minerai; 80 castellanos d'or correspondent à 368 grammes d'or brut, au titre de 0,580 ou 213 gr. 44 d'or pur.

La tonne de minerai provenant du point δ du quatrième niveau produirait donc, d'après l'essai que nous venons de citer, 464 grammes d'or pur à la tonne, correspondant à une valeur de 1,591 fr. 52, valeur de minerai supérieure à toutes celles que nous avons citées jusqu'à présent. Au niveau n° 4, il existait donc, presque à l'époque de l'abandon des travaux par suite d'inondation, des minerais aussi riches, sinon plus riches que les plus riches minerais des niveaux supérieurs.

Le procédé employé à Cristales pour le traitement des minerais pyriteux de cette mine, ne présente aucune particularité spéciale.

Il consiste :

1° A passer les minerais au pilon où l'on recueille une première et forte proportion de l'or contenu, sur des couvertures ou *bayetas*, sans emploi de mercure ;

2° A porphyriser à l'*arrastre*, en présence du mercure, les pyrites provenant des pilons et recueillies dans de petits labyrinthes. L'or retiré à cette seconde opération constitue de nouveau une forte proportion de l'or restant ; . . . .

3º A répéter l'opération à l'*arrastre* trois, quatre ou cinq fois suivant les cas, en laissant chaque fois, entre deux opérations, les pyrites exposées à l'air pour qu'elles subissent une certaine oxydation.

Dans les dernières années de l'exploitation, on avait adjoint à l'*arrastre* une amalgamation dans des tonneaux tournants avec des billes de fer.

D'après nos renseignements, nous pensons que, dans le procédé très simple que nous venons d'indiquer, la perte réelle de l'or par tonne devait être relativement faible.

Nous avons désiré, en tout cas, nous rendre compte de la quantité d'or que l'on pouvait retirer des minerais de Cristales par une première opération sommaire.

M. Pétetin a bien voulu faire pour nous un essai d'amalgamation sur un kilogramme de minerai de Cristales. On s'est pour cela servi d'une bouteille de grès neuve, contenant quelques billes de fer, qui a été soumise à un mouvement de rotation pendant une dizaine d'heures.

Le résultat de l'essai a été le suivant :

Le minerai, d'après les essais par voie sèche, contenait à la tonne avant l'amalgamation. . . . . Or 222 gr. 8,   Argent 432 gr.

Le produit de l'amalgamation a été de. Or 145 — 5,   Argent 139,5.

Les 145,5 d'or retirés par l'opération que nous venons de décrire, et qui ne peut se comparer au point de vue du rendement à celles exécutées dans la pratique, correspondent à plus de 65 0/0 de l'or accusé par l'essai. Ce sont les 30 ou 35 centièmes de l'or restant après la première amalgamation qui, par le procédé colombien, sont successivement retirés (sauf les pertes), dans les repassages successifs du minerai à l'*arrastre*.

Nous avons dit précédemment, en décrivant les filons de Cristales, qu'il existait, près du confluent du ravin de Cristales et du rio San Nicolas, une *playa* contenant une grande quantité de débris de filons ; nous avons dit aussi que le filon de Pedrero s'était montré minéralisé. Les essais faits sur quatre échantillons de débris de filons de la *playa*, sur deux échantillons de minerai du filon de Pedrero et sur un échantillon provenant de l'affleurement scoriacé et minéralisé du filon de Cristales, près du moulin de Cristallino, ont donné les résultats suivants :

		PAR TONNE Or pur grammes	PAR TONNE Argent pur grammes	PAR TONNE Valeur de l'or pur seul
Débris du filon de la plage de	1er essai. Gr.	102	Gr. 2,760	Fr. 349,86
Cristales. Nº 1	2e —	102	2,780	349,86
Débris du filon de la plage de	1er essai.	70	520	240,10
Cristales. Nº 2	2e —	70	520	240,10

Débris du filon de la plage de {	1er essai.	45	105	154,35
Cristales. No 3 . . . . {	2e —	45	105	154,35
Débris du filon de la plage de {	1er essai.	262,5	177	900,37
Cristales. No 4 . . . . {	2e —	262,5	177	900,37
Moyenne		Gr. 119,80	Gr. 895,5	Fr. 411,17
Éch^on régulièrement minéralisé {	1er essai.	50	180	171,50
du filon du Pedrero-affleurement {	2e —	50	180	171,50
Éch^on sans minéralisation du {	1er essai.	22	68	75,46
filon du Pedrero-affleurement. . {	2e —	22	68	75,46
Moyenne		Gr. 36	Gr. 124	Fr. 123,48
Éch^on de l'affleurement du filon {	1ei essai.	40	70	137,20
de Cristales, près du moulin de {	2e —	40	70	137,20
Cristallino . . . . {				
Moyenne		Gr. 40	Gr. 70	Fr. 137,20

Les teneurs élevées des différents essais que nous venons de donner nous permettent d'espérer qu'on pourra rencontrer par la suite, en dehors de la colonne riche de Cristales, soit dans une nouvelle colonne, soit dans un nouveau filon, soit sous la plage elle-même, une quantité plus ou moins importante de minerai riche.

CHAPITRE V

Installations actuelles de la mine de Cristales. — Installations projetées et nouveaux travaux à exécuter pour la reprise en grand de l'exploitation.

La mine actuelle de Cristales comprend un ensemble d'installations d'une certaine importance, pouvant être utilisées presque totalement par la Compagnie qui reprendra cette mine.

Parmi les différents travaux actuels d'installation, nous citerons :

1° Les chemins conduisant à la mine.

2° Les défrichements.

3° Les travaux de déblai et de remblai, qui sont assez importants.

4° L'aménagement du ravin de Cristales.

5° Plusieurs *acequias* : deux de celles-ci ayant chacune une longueur de 2 kilomètres et demi environ.

6° Une bonne maison pour la direction, une maison pour les employés, des bâtiments pour les ouvriers, une forge, un atelier de charpente et de menuiserie, etc., le tout utilisable sans modifications.

7° Deux moulins en très bon état: l'un de ces moulins a 10 pilons, l'autre 6; un *Arrastre*.

8° Une roue hydraulique actionnant les pompes en bois destinées à l'épuisement, etc., etc.

L'ensemble de ces travaux et installations a certainement coûté à la Compagnie actuelle une somme supérieure à 125,000 francs.

Pour reprendre l'exploitation en grand de la mine de Cristales, dans des conditions absolues de sécurité, il est nécessaire d'exécuter de nouveaux et importants travaux. C'est ce motif qui a déterminé les propriétaires actuels de la mine à passer un contrat avec la Société d'Études Franco-Colombienne.

Les nouveaux travaux à exécuter, tels qu'ils sont spécifiés dans le contrat, comprennent :

A. La mise en état du canal déjà existant sur le ravin de Cristales.

B. Le fonçage d'un puits de 200 mètres de profondeur et le percement de galeries partant de ce puits et allant recouper le filon.

C. L'établissement de pompes et des moteurs correspondants destinés à l'épuisement du puits et des travaux d'exploitation qui communiquent avec ce puits.

D. La construction d'un tramway ou petit chemin de fer de mine allant du puits à la grande chute du rio San Nicolas.

E. L'installation des appareils nécessaires à l'extraction du minerai.

F. L'installation d'un compresseur d'air et des perforatrices nécessaires au fonçage du puits ou au travail d'avancement dans une seule galerie à la fois, ainsi que du moteur qui doit actionner ce compresseur d'air.

G. Le montage et l'installation de 30 pilons du type californien du poids de 750 livres anglaises environ, avec les concentrateurs, amalgamateurs et moteurs correspondants.

H. L'établissement de l'appareil ou des appareils convenables pour le traitement des pyrites aurifères provenant du minerai.

Nous allons passer successivement en revue les différents travaux et installations que nous venons d'énumérer.

A. Des travaux de canalisation d'une certaine importance ont déjà été exécutés sur le ravin de Cristales pour prévenir les inondations provenant des tempêtes. Pour avoir une sécurité absolue dans l'avenir, ces travaux doivent cependant être complétés et développés de manière à ce que le nouveau canal puisse débiter les eaux des tempêtes les plus extraordinaires.

Nous estimons que les dépenses relatives à ce chapitre pourront monter au chiffre rond d'environ 5,000 francs.

B. Le projet présenté par l'ancien directeur de Cristales, pour la reprise de l'exploitation, consistait à percer une galerie partant du pied de la grande chute du San Nicolas, et dont la longueur devrait être de 700 à 800 mètres. Cette galerie aurait eu l'avantage de servir de galerie d'écoulement aux eaux de la mine; mais par contre, elle aurait eu le très grand inconvénient de nécessiter une attente de plusieurs années avant d'arriver à recouper la colonne riche. Nous sommes parvenu à faire accepter au lieu de cette galerie, le fonçage d'un puits de 200 mètres dans les conditions indiquées à peu près par les plans. La partie du terrain située au-dessus du filon est formée entièrement ou presque entièrement par une roche granitique tendre et décomposée, dans laquelle le travail sera facile et rapide. Le puits projeté atteindra 70 mètres de profondeur environ avant de recouper le filon en pleine colonne riche. Le creusement de ces 70 mètres exigera huit ou dix mois au plus. A ce moment, on aura au-dessus de soi, prête à être exploitée, une partie de la colonne riche qui, avec le minerai existant encore dans les niveaux actuels, correspondra à une valeur d'environ 3,000,000 à 4,000,000 de francs. Au-dessous, le puits devra être prolongé dans une syénite dure et compacte dans laquelle le travail sera plus lent et plus coûteux.

La Compagnie nouvelle n'aura en réalité, d'après le contrat même, à creuser de suite dans cette dernière roche que 50 à 60 mètres de puits et les deux galeries correspondantes. Les 70 à 80 mètres de puits restant pour compléter les 200 mètres pourront être exécutés plus tard, à mesure que l'approfondissement deviendra nécessaire. Pour éviter de remonter les eaux de la mine jusqu'à l'orifice du puits et de perdre ainsi une partie de la force motrice disponible, on pourra percer une galerie mettant en communication le puits projeté avec le niveau de la vallée. Cette galerie, qui servirait à l'épuisement et à l'extraction, pourra être terminée en quelque mois.

Nous estimons les dépenses relatives à ce chapitre de la façon suivante :

1° Creusement de 70 mètres de puits en roche tendre, à 125 francs le mètre, boisage compris. Fr.   8.750 »

2° Percement de 60 mètres de galerie en roche tendre, à 40 francs le mètre courant. . . . .   2.400 »

3° 50 mètres de puits en roche dure, avec l'emploi de perforatrices, à 300 francs le mètre courant. . . . .   15.000 »

4° 130 mètres de galerie dans la syénite dure, à 150 francs le mètre courant, avec l'emploi de perforatrices. . . . .   19.500 »

Nous arrivons donc à un total de . . . . Fr.   45.650 »

Soit, en chiffres ronds, 46,000 francs.

Nous porterons ici de suite, pour l'achèvement du puits et des galeries qui en partiront plus bas, une somme de 54,000 francs.

Soit en tout, pour les travaux du puits et des galeries, une somme de 100,000 francs.

Les prix adoptés ici sont basés sur les prix des contrats passés antérieurement à Cristales même et ne seront probablement pas atteints dans la réalité.

C. Quoique nous ayons la conviction qu'après un aménagement sérieux du canal du ravin de Cristales, la mine sera complètement garantie contre les inondations accidentelles, et que les eaux d'infiltration ne seront que très peu abondantes, nous admettons cependant ici, en principe, une installation relativement importante pour l'épuisement. Les deux *acequias* actuelles du San Nicolas seront utilisées pour cet objet et fourniront aux nouvelles pompes une force motrice bien supérieure à celle qui se trouvera nécessaire.

Nous admettrons comme dépense à faire pour l'installation future de l'épuisement, en chiffres ronds, une somme de 70,000 francs.

D. Notre projet destinant à l'épuisement et à la compression d'air toute la force motrice amenée dans la vallée de Cristales par les *acequias* actuelles, nous sommes conduits à utiliser, pour l'installation des nouveaux moulins, l'immense force motrice créée par la grande chute, de 60 mètres environ, du rio San Nicolas.

Pour transporter le minerai du puits aux nouveaux moulins, un petit chemin de fer de mines d'environ 800 mètres de longueur sera nécessaire. Son établissement ne présentera aucune difficulté spéciale. Nous estimons la dépense relative à ce petit chemin de fer à 25,000 francs.

E. Les appareils d'extraction pour le minerai consisteront en un manège à chevaux ou une petite roue hydraulique en remplacement de celle qui existe actuellement et qui est hors de service.

Cette dépense sera inférieure à 5,000 francs.

F. Le matériel de perforation, comprenant le compresseur et le matériel pour une seule galerie à la fois atteindra, tout installé, environ 60,000 francs.

La force hydraulique pour le compresseur d'air sera fournie, en même temps que celle nécessitée par l'épuisement, par les *acequias* actuelles.

G. Les 30 pilons du type californien devront, pour les motifs indiqués plus haut, être montés auprès de la chute du San Nicolas : ils seront mus par moteur hydraulique. Nous estimons la dépense totale par pilon, tout compris, à 5,000 fr. soit pour 30 pilons 150,000 francs.

Nous ferons remarquer ici que, dans notre opinion, le nombre de 30 pilons californiens stipulés par le contrat est supérieur au nombre de pilons qui sera nécessaire pour le traitement du minerai; nous espérons que, par la suite, la découverte de nouveaux filons exploitables nous permettra de mettre en œuvre les 30 pilons à la fois.

II. Soit que l'on conserve pour le traitement des pyrites le procédé actuel de l'*Arrastre* et des tonneaux d'amalgamation, soit que les études ultérieures fassent adopter un nouveau procédé, nous ne croyons pas que la dépense de ce chef puisse dépasser 10,000 francs, soit : 10,000 francs.

Récapitulant ces différentes dépenses, nous trouvons :

A. Réparation du canal . . . . Fr.		5.000
B. Puits et galeries.		100.000
C. Pompes, moteurs, etc.		70.000
D. Tramway et matériel, etc.		25.000
E. Appareils d'extraction.		5.000
F. Compresseurs et perforatrices		60.000
G. 30 Pilons, etc		150.000
H. Appareils de traitement des pyrites.		10.000
Total. . . . . Fr.		425.000

A ce chiffre de 425,000 francs nous proposerons d'ajouter, tant pour imprévu que pour frais généraux pendant la période d'installation de la mine, une somme de 75,000 francs, ce qui portera le total à 500,000 francs.

En outre, en vue de parer à toute éventualité et pour réserver des ressources en cas de découverte de nouveaux filons, etc., nous proposons de créer un fonds spécial de 350,000 francs, ce qui porterait le capital-argent nécessaire pour la reprise en grand de la mine de Cristales, à une somme totale de 850,000 francs.

Nous estimons que, dans les huit mois qui suivront le commencement des travaux, le puits de Cristales aura recoupé la colonne riche ; que dans les quinze mois qui suivront le commencement des travaux, l'exploitation pourra déjà fonctionner avec moitié de production régulière, et que la mine de Cristales sera enfin en pleine exploitation régulière bien avant l'expiration des trente mois qui suivront l'époque du commencement des travaux.

CHAPITRE VI

Prix de la main-d'œuvre. — Prix de revient à la tonne.

Les ouvriers sont nombreux et de bonne qualité dans le district de Remedios, On n'aura aucune difficulté pour recruter dans le pays tout le personnel nécessaire à la reprise en grand de l'exploitation de Cristales. A la mine de San

Nicolas, lors de mon passage, il y a quelques mois, le prix moyen de la main-d'œuvre pour tous les ouvriers occupés à la mine ressortait de la façon suivante en papier-monnaie :

Paye de la journée. . . . . . . 1/2 piastre.
Nourriture . . . . 1/4 —
Total. . . 3/4 piastre.

Ces 3/4 de piastre, au taux du change de 50 0/0 (1), représentent 2 fr. 50 de notre monnaie de France. A ce prix moyen de 2 fr. 50 par ouvrier, nous pouvons affirmer que le personnel ouvrier est très bon, presque comparable à un personnel régulier d'Européens de qualité moyenne.

Tandis que nous avons retrouvé la production totale en or de Cristales pendant les 15 années de l'exploitation, nous n'avons pu reconstituer les dépenses mensuelles que jusqu'à la fin de l'année 1878, c'est-à-dire pour une période totale de dix ans.

La dépense totale pendant cette période de dix ans s'est élevée à 252,619,42 piastres faibles de 4 francs (papier-monnaie).

Cette dépense, en tenant compte du change, correspond à 673,653 francs.

Il est utile de faire remarquer que, dans cette somme, rentrent toutes les dépenses d'installation qui ont certainement dépassé 125,000 francs.

Nous serons ainsi amenés à admettre que les dépenses d'exploitation proprement dites ont été pour les dix années, de 550,000 francs en chiffres ronds.

La production d'or pendant les dix années correspondant à ces dépenses a été de 270,457,80 castellanos d'or, correspondant à 721,581 gr. 31 d'or pur. A 90 grammes d'or, moyenne admise de la tonne, l'exploitation correspondante aurait monté à 8,017 tonnes de minerai. La dépense pour les 8,017 tonnes de minerai ayant été d'environ 550,000 francs, la dépense par tonne de minerai ressortirait à 68 fr. 60 pour cette période de 10 ans.

Le prix de revient à la tonne de 68 fr. 60 est excessivement élevé, surtout en présence du bas prix de la main-d'œuvre et des prix de revient que nous citerons dans une autre partie de ce rapport, pour des mines que nous avons pu visiter. Nous pensons que le prix de revient à Cristales en exploitation régulière ne devra pas dépasser 40 francs par tonne.

Le prix de revient de 68 fr. 60 par tonne, devait être dû à la faible production de 800 tonnes par an, aux difficultés répétées que rencontrait l'exploitation, à la

---

(1) Nous ferons remarquer encore que le taux actuel du change est de 80 0/0 au lieu de 50 0/0 ; nous avons cependant fait tous nos calculs en prenant comme base ce dernier taux pour plus de sécurité.

mauvaise direction et au gaspillage, comme cela se passe souvent sur les mines
à minerai très riches.

Nous admettrons cependant quand même dans les calculs qui vont suivre, un
prix de revient de 70 francs par tonne de minerai,

CHAPITRE VII

Exploitation et résultats probables.

Dans les conditions où se présente le gisement de Cristales, nous pensons
qu'après la terminaison des travaux et installations nouvelles, la production
annuelle de minerai pourra certainement atteindre le chiffre de 8,000 à
10,000 tonnes. Nous admettrons cependant dans nos calculs, pour avoir une
sécurité absolue, une production minima de 5,000 tonnes.

Nous avons vu, d'autre part, que la tonne du minerai de Cristales a dû produire
307 fr. 32 d'or en moyenne pendant les quinze années d'exploitation.

Pour tenir compte de ce que la Compagnie nouvelle peut avoir intérêt à travailler les minerais relativement pauvres de la colonne, nous admettrons que le
rendement futur moyen ne sera que de 250 francs par tonne.

Enfin, bien que convaincu que le prix de revient de la tonne sera inférieur à
40 francs pour une exploitation régulière, nous admettons encore le prix de
70 francs qui a été à peu près le prix de revient à Cristales pour une période de
dix ans.

Dans ces conditions :

5,000 tonnes de minerai à 250 par tonne produiront 1,250,000 francs.
5,000 — — 70 — coûteront. 350,000 —

DIFFÉRENCE. . . . . 900,000 francs.

Les bénéfices annuels de la mine de Cristales devront donc monter à une somme
de 900,000 francs, dont la moitié revient par contrat à la nouvelle Compagnie.

Dans ces conditions, la part de bénéfice annuel de la nouvelle Compagnie devra
donc monter à un chiffre de 450,000 francs environ.

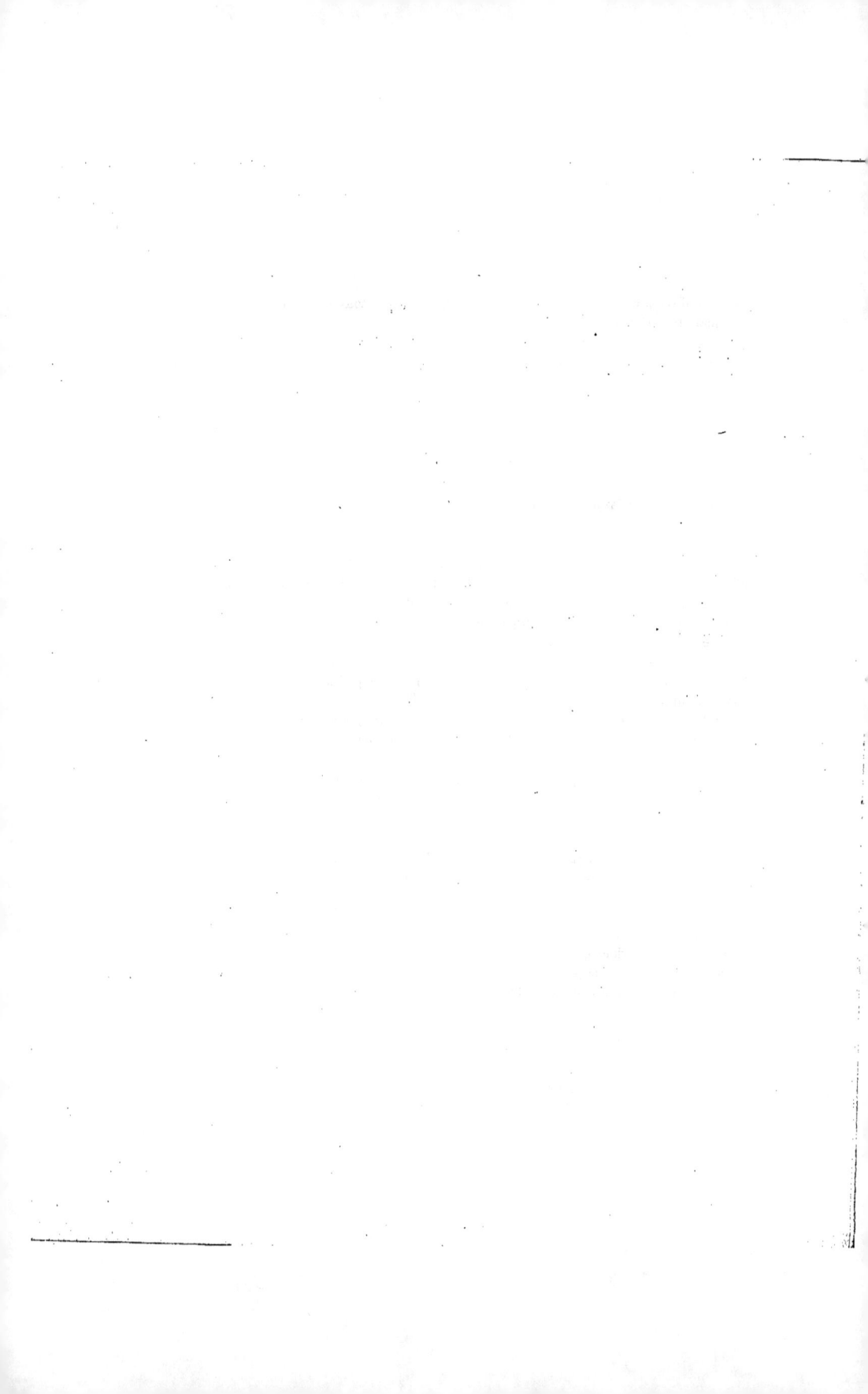

TROISIÈME PARTIE

Rapport sur la mine de Santiago.

TROISIÈME PARTIE

RAPPORT SUR LA MINE DE SANTIAGO

Le rapport sur la mine de Santiago sera divisé en six chapitres, qui sont :
1° Situation géographique. — Voies d'accès et de communication.
2° Historique.
3° Description de la mine de Santiago.
4° Richesse et teneur probables des alluvions de Santiago.
5° Travaux et dépenses d'installation à exécuter pour la mise en exploitation en grand de la mine de Santiago.
6° Main d'œuvre. — Prix de revient. — Exploitation et résultats probables.

CHAPITRE I

Situation géographique — Voies d'accès et de communication.

La mine d'alluvion connue sous le nom de mine de Santiago est située, comme la mine de Cristales, dans le district de Remedios (voir planche III). Elle se trouve à deux heures quarante minutes de marche de Segovia, à trois heures de Cristales, à vingt et une heures de Sarragoza et à quarante-neuf heures de Medellin.

La mine de Santiago comprend toute la belle et large vallée de Santiago, depuis la jonction de la Quebrada de Doña Teresa avec le rio Aporreado jusqu'au Salto de Santiago, c'est-à-dire une longueur d'environ 5 kilomètres.

La vallée de Santiago, horizontale, sans dénivellation sensible à l'œil, est située à une altitude moyenne de 490 mètres au-dessus du niveau de la mer ; elle est entièrement déboisée, mais de chaque côté de la vallée, sur les collines, s'étagent de belles et hautes forêts vierges qui vont rejoindre celles du plateau. Elle présente, au confluent de l'Aporreado avec la Quebrada de Doña Teresa ainsi qu'à

7

celui du Santiago avec le San Nicolas, une largeur qui n'est pas inférieure à 700 ou 800 mètres. Sa largeur moyenne peut s'estimer à 400 mètres, jusqu'à une certaine distance du Salto de Santiago, où la vallée se rétrécit considérablement en changeant d'aspect.

Le rio Bagre coule à une faible distance du Salto de Santiago. S'il était reconnu navigable, le chemin à parcourir *par terre* pour se rendre directement de Santiago à la mer serait réduit à quelques kilomètres seulement. Cette question mérite une étude spéciale, que nous avons du reste recommandée déjà dans notre rapport sur la mine de Cristales.

CHAPITRE II

Historique.

Nous avons déjà parlé des grandes quantités d'or que les premiers conquérants espagnols tirèrent du district de Remedios. Nous avons dit, en outre, que l'exploitation des alluvions, ainsi que le lavage des sables des terrains superficiels du plateau n'avaient jamais été arrêtés complètement et se continuaient encore actuellement.

La concession de la mine de Santiago a été accordée, il y a plus d'un siècle, aux familles de quelques-uns des propriétaires actuels de la mine. L'histoire locale rapporte que Don Ambrosio Peres Colmero exploita dans le bas de la vallée la partie de l'alluvion voisine du Salto (voir planche II). Il en retira une grande quantité d'or qu'il enterra, dit-on, au commencement de ce siècle. Pendant la Guerre de l'Indépendance, quand les Espagnols amenèrent la lutte du côté de Remedios, Don Ambrosio Colmero fut blessé mortellement au combat de la Sangra Botija. Avant de mourir, il eut, dit-on, le temps de révéler à son fils l'endroit où était enterré son or. Mais celui-ci ayant été tué à son tour, peu de temps après, au combat de Cascajo, le lieu où se trouve la cachette est resté inconnu, et on l'a cherché en vain à plusieurs reprises. Par la suite, à l'époque où fut établi le nouveau titre de concession de Santiago, par suite de la disparition de l'ancien titre dans l'incendie de Remedios, Don Florencio Mejia travailla la partie de la mine de Santiago où se trouve un petit mamelon *(aventadero)* (voir planche II). Des résultats de cette exploitation, qui remonte au moins à une cinquantaine d'années, on se rappelle seulement que Don Florencio Mejia retirait chaque mois de 6 à 8 livres d'or avec le travail de seize esclaves.

Quoi qu'il en soit, il existe sur l'*aventadero* en question des restes d'anciens travaux assez importants, montrant que le sol a été fouillé jusqu'à l'alluvion. Deux rangées de grands et beaux arbres placés symétriquement sur les deux rives du rio Santiago, dans la partie voisine de l'*aventadero* semblent indiquer aussi qu'à une époque déjà assez éloignée il doit y avoir eu des installations en ces parages. Le travail de Don Florencio Méjia fut certainement arrêté quand il eut épuisé l'alluvion élevée, c'est-à-dire quand l'écoulement naturel pour les eaux fit défaut.

Depuis les travaux de Florencio Méjia, personne n'a travaillé, au moins d'une façon régulière, sur la mine de Santiago. Les quelques travaux qui ont pu être faits ont consisté en petits puits creusés par certains mineurs du district, ou dans le lavage des sables aurifères que roule le rio Santiago.

CHAPITRE III

Description de la mine de Santiago.

Les alluvions de la mine de Santiago, pour la partie vierge de tout travail, s'étendent sur une longueur supérieure à 2,500 mètres. Elles remplissent tout le fond de la vallée, qu'elles ont complètement nivelée, et ont une largeur variable qui peut être estimée en moyenne à au moins 400 mètres. La régularité de ces alluvions est parfaite, par suite même de la manière dont elles se sont déposées dans le bassin ou fond de lac peu profond qui remplaçait, à une époque relativement très récente, la vallée actuelle. Le plateau de Remedios est formé par une masse de roches syénitiques. Le fond de la vallée de Santiago (*peña*) est constitué, comme nous avons pu le constater, par un porphyre trachytique spécial de coloration verdâtre. Les schistes se retrouvent à la limite de la concession ; c'est le passage des porphyres aux schistes qui paraît causer les chutes de Santiago et du Bagre.

Dans toute la vallée, l'alluvion est constituée à la partie supérieure par une couche d'argile compacte, solide et ferme, de couleur rougeâtre ou blanc-jaunâtre, provenant de la décomposition des roches du plateau syénitique. Cette couche d'argile compacte, amincie par place par les courants d'eau actuels, sans être recoupée entièrement, sauf peut-être en quelques rares points, présente une épaisseur comprise entre 0^m,50 et 2 mètres. En moyenne, cette épaisseur peut s'estimer à 1^m,50 ou 1^m,60.

Cette couche d'alluvion supérieure est absolument stérile et n'indique à la batée aucune trace d'or.

Jusqu'à présent, partout où, à notre connaissance, la couche d'alluvion supérieure a été recoupée sur toute son épaisseur, on a rencontré au-dessous une seconde couche d'alluvion d'un caractère absolument distinct, qui constitue ce que l'on désigne dans le pays sous le nom de *cinta* ou couche alluvionnaire aurifère. Cette *cinta*, recouverte par la couche d'argile, repose directement sur la roche porphyrique même ou *peña*. Elle représente une épaisseur sensiblement constante de 1ᵐ,60. Contrairement à la couche supérieure stérile, la *cinta* est formée presque exclusivement par du gravier quartzeux, sans ciment d'aucune nature et composé, pour les trois quarts environ de son volume, d'un sable quartzeux très fin. On y rencontre une certaine quantité de galets roulés dont les plus gros atteignent et dépassent parfois la grosseur de la tête d'un enfant. Ces galets proviennent ou de fragments de roches porphyriques de types divers ou de fragments de filons quartzeux très arrondis, nettement cristallins et parfois caverneux. Un assez grand nombre de galets quartzeux présentent dans les cavités de leur surface de très nombreuses mouches d'or, généralement petites, mais qui atteignent cependant parfois une dimension assez notable. Certains galets que nous avons rapportés contiennent jusqu'à une quinzaine de mouches d'or. Cassés, ils montrent parfois dans leur intérieur des noyaux de pyrite ou de galène.

Le quartz de la *cinta* présente tous les caractères des quartz des filons aurifères de Remedios. L'alluvion aurifère de Santiago n'est, en effet, que le produit de la désagrégation des affleurements quartzeux des nombreux filons du plateau, qui, à une époque antérieure, ont été arrachés, entraînés et déposés par les eaux des rios et des ravins dans la cuvette ou fond du lac de la vallée de Santiago. L'or contenu dans les quartz des filons, rendu libre par le broyage et la décomposition des quartz et des pyrites, s'est déposé, en même temps que l'alluvion qui le renferme encore, sous forme de poudre ou de grains de forme irrégulière ; certains de ces grains d'or adhèrent même parfois à de petits fragments cristallins de quartz.

L'alluvion aurifère quartzeuse de Santiago est le résultat de l'exploitation et du traitement des parties supérieures des filons aurifères du plateau par la nature, qui a simplement effectué sur une échelle colossale l'opération que poursuivent de nos jours les nombreuses Compagnies qui exploitent les filons du district.

Un coup d'œil jeté sur la carte du district de Remedios (planche II) permet de se rendre facilement compte de ce fait.

La désagrégation des filons du plateau de Remedios se poursuit encore maintenant sous nos yeux d'une façon lente mais certaine. Il n'existe pour ainsi dire pas un point du sol du plateau, surtout au voisinage des filons, qui ne contienne, actuellement tout au moins, des traces d'or. On rencontre souvent sur les chemins du district, après les grandes pluies et en particulier entre Segovia et Saint-Nicolas, des femmes qui s'en vont avec des batées travailler la terre et le sable même du chemin.

Au point B du plan, par exemple, près de la petite Quebrada de San Bartolo, nous avons rencontré un laveur d'or qui, en travaillant les sables superficiels retenus entre les racines des touffes d'herbe, arrivait à faire des journées de trois à quatre francs. Au point c, dans une espèce de vallon du rio Popales, existe une masse assez importante d'alluvion exploitée en petit par quelques mineurs du pays.

Le rio Santiago roule actuellement encore en assez grande quantité de l'or provenant de la désagrégation journalière des roches et des filons. De nombreux orpailleurs travaillaient à l'époque de notre visite les sables de cette rivière. Nous en avons nous-même rencontré deux. Le premier au point marqué A, a lavé devant nous quelques batées de sable du fond de la rivière, qui s'est montré très riche en ce point ; le second au point marqué C, qui se contentait de travailler les sables fins et légers presque stériles de la berge, avait recueilli près d'un gramme d'or en quelques heures de travail.

CHAPITRE IV

Richesse et teneur probables de l'alluvion de Santiago.

Nous avons pu personnellement nous rendre compte de la nature et de la constitution de la grande formation d'alluvion de la vallée de Santiago, grâce à cinq petits puits de recherche (marqués sur le plan 1, 2, 3, 4 et 5) qui venaient d'être creusés ou étaient encore en creusement au moment même de notre passage. Ces cinq puits dont nous avons pu voir deux en plein travail étaient situés un peu au-dessus de la concession de Santiago, dans la partie de cette vallée qui porte le nom d'Aporreado. Tous avaient recoupé l'alluvion dans des conditions identiques de profondeur, d'épaisseur et de richesse. L'alluvion aurifère s'était partout présentée avec une épaisseur de $1^m,60$ environ, reposant, à une profondeur de $3^m,20$ sur la roche porphyrique ou peña et recouverte elle-même par la couche d'argile stérile de $1^m,60$ d'épaisseur. Ces cinq puits de recherche avaient été exécutés par deux personnes notables de Medellin, pour leur propre compte, en vue de l'exploitation de la concession de l'Aporreado. En outre, nous avons pu voir près de la Quebrada Magangue, située au centre de la concession même de

Santiago, la partie supérieure de l'alluvion aurifère mise à nu en un point, sous la couche d'argile compacte.

D'après les renseignements qu'ont bien voulu nous donner les personnes qui exécutaient les puits de recherche, la moyenne de la teneur en or de l'alluvion aurifère extraite des cinq puits (moyenne qui s'est trouvée sensiblement constante pour chacun des puits pris en particulier) a monté à 40 francs par mètre superficiel. Deux mètres cubes de gravier aurifère provenant de la partie supérieure, et par conséquent pauvre (1), de l'alluvion aurifère du puits n° 3 lavés devant nous, ont produit environ 15 grammes d'or. Au puits n° 4, chaque batée d'alluvion lavée devant nous a présenté une jolie *pinta* (2) correspondant à une teneur d'au moins 40 francs par mètre superficiel (3).

A la quebrada Magangue, au point marqué B sur le plan, situé au centre de la concession de Santiago, nous avons fait laver un certain nombre de batées de la partie supérieure de l'alluvion qui affleure en ce point. La teneur moyenne de chaque batée a été d'environ 0 gr. 1 d'or. Cette teneur de 0 gr. 1 d'or par batée, au titre de 688 millièmes (4), correspond à une teneur d'environ 80 francs par mètre cube d'alluvion et d'environ 120 francs par mètre superficiel.

Cette teneur, beaucoup plus élevée que celle de 40 francs que nous avons donnée précédemment pour la partie supérieure de la vallée de Santiago, est cependant, non seulement conforme à la loi générale d'enrichissement des alluvions, mais correspond en outre aux renseignements qui nous ont été fournis de

---

(1). L'or est toujours concentré dans les parties inférieures de l'alluvion et principalement sur le fond rocheux ou *peña*.

(2) On désigne sous le nom de *pinta*, la quantité d'or qui est le résultat du lavage d'une batée de sable ; la *pinta* permet de se rendre très sensiblement compte, à la vue, de la richesse d'un sable alluvionnaire.

(3) Nous avions pris sur place une certaine quantité de sable provenant de l'alluvion du puits n° 4, que l'on était en train d'extraire sous nos yeux ; cet échantillon de sable, dépourvu de ses pierres, a été remis à M. Pételin et lavé méthodiquement avec le plus grand soin. Le résidu du lavage a donné 50 gr. 3 d'or pur et 31 gr. 3 d'argent par tonne d'alluvion.

Les sables épuisés par le lavage n'ont plus accusé à l'essai par voie sèche qu'une teneur insignifiante de 2 gr. 5 d'or et de 3 grammes d'argent par tonne.

La teneur de 50 gr. 3 d'or pur par tonne d'alluvion, trouvée dans l'expérience que nous venons de citer, est supérieure de beaucoup à la richesse que nous avons donnée de 40 francs par mètre superficiel. Cette teneur exceptionnelle a pu provenir de ce que la petite quantité d'alluvion prise par nous au hasard était accidentellement très riche ; elle pourrait peut-être indiquer aussi (l'or de Santiago étant très fin, et le lavage à la batée étant fait très rapidement, sans tenir compte de cette circonstance) qu'une grande partie de l'or fin contenu dans l'alluvion était perdue par suite du système du lavage absolument primitif employé sous nos yeux par les deux exploitants colombiens.

(4) Un échantillon d'or de Santiago, essayé chez M. Pételin, a donné :

Or pur . . . . 688 millièmes.
Argent 287

Total . . . . . . 925 millièmes.

divers côtés sur la richesse des alluvions de Santiago par plusieurs personnes qui les ont prospectées et en particulier par les deux exploitants de l'Aporreado. Ces derniers, entre autres, nous ont en effet affirmé avoir trouvé sur la concession de Santiago dans tous les points qu'ils ont prospectés une teneur moyenne de 80 francs environ par mètre superficiel.

D'après ce que nous venons d'exposer, on peut considérer très probablement les alluvions de la vallée de Santiago comme ayant une teneur comprise entre 40 et 120 francs par mètre superficiel.

Pour tenir compte de l'imprévu et pour faire la plus large part à ce que présente toujours d'inconnu une exploitation d'alluvions, nous baserons nos calculs sur une teneur moyenne de 30 francs par mètre superficiel pour la partie vierge des alluvions de Santiago. Cette partie vierge des alluvions de Santiago mesurant 2,500 mètres de longueur sur 400 mètres de largeur, c'est-à-dire 1 million de mètres carrés, la concession de Santiago, avec la teneur de 30 francs par mètre superficiel, doit donc contenir une quantité d'or d'une valeur de 30,000,000 de francs.

Ce chiffre de 30,000,000 de francs, quelque considérable qu'il paraisse au premier abord, devient au contraire très modéré, quand l'on considère qu'il y a, déposée et concentrée dans les alluvions de Santiago, la plus grande partie de l'or arraché des parties supérieures de presque tous les filons du plateau de Remedios, et qu'une colonne riche du filon de Cristales, pendant la formation du ravin par les érosions, aurait dû fournir à elle seule, d'après nos calculs, une valeur en or d'environ 20,000,000 de francs.

CHAPITRE V

Travaux d'installation à exécuter pour la mise en exploitation en grand de la mine de Santiago.

On peut utiliser, pour la mine de Santiago, les forces motrices naturelles des eaux du rio San Nicolas, prises sur la concession de Cristales. On peut utiliser aussi l'immense force motrice produite par la chute du rio Santiago à l'extrémité de la concession. On pourra peut-être même employer dans une certaine mesure les eaux de la Quebrada de Doña Teresa et de l'Aporreado.

Une des premières questions que comportera l'installation de la mine de Santiago sera l'étude de l'aménagement et de l'utilisation de tout ou partie des forces motrices naturelles et disponibles. Pendant que l'on fera cette étude, on pourra reconnaître en même temps, par une série de puits de recherche maintenus à sec à l'aide de pompes à main, la richesse exacte de l'alluvion sur toute la surface de la concession. On pourra aussi résoudre la question si importante de la navigabilité du Bagre jusqu'à quelques kilomètres de Santiago.

A. Nous estimons que les dépenses relatives à ces différentes études, ne dépasseront certainement pas le chiffre de 10,000 francs. Soit. . . . Fr.   10.000

B. Les installations, hangars, etc., nécessaires pour le personnel et les ouvriers, exécutés d'une façon convenable, mais dans le style du pays, ne dépasseront pas le chiffre de 30.000

C. Les chemins conduisant de Santiago à Remedios et à Segovia auront besoin de certaines réparations; nous estimons que les dépenses relatives aux chemins ne dépasseront pas 10,000 francs. Soit. . . .   10.000

D. L'installation d'une force motrice de 40 chevaux, des pompes et du matériel correspondant, prévue au contrat, quel que soit le type de moteur employé, ne dépassera pas 80,000 francs, soit . . .   80.000

E. L'aménagement des eaux nécessaires pour la création de cette force motrice, construction de canaux, etc., et ne dépassera pas 50,000 francs, soit 50.000

F. Pour les rails et les wagonnets, nous admettons une dépense d'environ 30,000 francs, soit. 30.000

G. Pour la construction des *sluices* ou appareils de lavage, nous admettrons une dépense d'environ 10,000 francs, soit 10.000

H. Pour outils, pelles, pioches, etc., nous admettrons une somme de 10,000 francs, soit 10.000

K. Nous ajouterons à ces dépenses, une somme de 50,000 francs pour frais généraux et imprévus, soit 50.000

TOTAL 280.000

En joignant à cette somme de 280,000 francs la somme de 170,000 francs à payer aux propriétaires actuels de la mine, nous arriverons à une somme totale de 450,000 francs, comme somme nécessaire pour l'installation de la mine de Santiago, dans les conditions prévues par le contrat.

Nous proposerons cependant de porter immédiatement le capital argent pour mine d'alluvions de Santiago à 600,000 francs au lieu de 450,000 francs, en gardant une somme de 150,000 francs disponible, tant pour parer à toute éventualité que pour le développement ultérieur de l'entreprise.

La mine de Santiago pourra commencer à produire dans le délai d'un an; et elle sera certainement en production régulière au bout des dix-huit mois qui suivront l'époque du commencement des travaux.

CHAPITRE VI

Prix de revient. — Exploitation et résultats probables.

Comme nous l'avons déjà dit à propos de la mine de Cristales, on ne rencontrera aucune difficulté à Santiago pour se procurer toute la main-d'œuvre nécessaire à l'exploitation et le personnel secondaire, contremaîtres, surveillants, etc. Une grande partie des vivres pour la nourriture des ouvriers pourra être produite par les terrains fertiles de la vallée qui appartiennent à la mine. Le prix de la main-d'œuvre ressortira à Santiago, comme à Cristales, à une moyenne d'environ 2 fr. 50 c. par jour. Dans ces conditions de prix, on disposera d'un excellent personnel ayant une grande expérience des mines d'alluvions.

Le système d'exploitation que, jusqu'à nouvel ordre tout au moins, nous recommandons d'adopter, n'est autre que celui universellement pratiqué en Colombie, dans le cas où les mines alluvionnaires n'ont pas la pente naturelle nécessaire à l'écoulement des eaux ; mais on devra apporter à ce système tous les éléments de développement et de perfectionnement que peut permettre l'emploi d'un capital important et d'un matériel puissant. Le travail d'exploitation consistera dans l'ouverture simultanée à ciel ouvert de plusieurs chantiers dans l'alluvion. Ces chantiers s'ouvriront par plans inclinés pour permettre aux wagonnets une descente et une montée facile. La couche supérieure d'alluvions stériles, sera immédiatement rejetée à la partie inférieure dans les vides provenant des excavations. L'alluvion aurifère, après son passage au *sluice*, sera, partie entraînée par les eaux de lavage, partie rejetée avec l'alluvion stérile.

C'est pour permettre l'enlèvement complet de la couche d'alluvion aurifère jusqu'au fond rocheux *peña* où l'or est toujours concentré, et par suite pour lutter contre les infiltrations dans les parties basses des chantiers d'exploitation, que nous avons admis dans le chapitre précédent l'installation de machines et de pompes.

Dans les conditions d'installation que nous avons exposées plus haut, nous estimons qu'on arrivera facilement à exploiter mensuellement une superficie de 4,000 mètres carrés d'alluvions, c'est-à-dire un chantier de 200 mètres de long sur 20 mètres de large. Le cube de déblai total, en admettant pour l'alluvion une épaisseur moyenne de $3^m,50$ sera donc de 14,000 mètres par mois ou de 3,500 mètres par semaine. Le cube d'alluvion aurifère à passer au *sluice* montera à

8

environ la moitié de l'alluvion totale, c'est-à-dire à environ 1,750 mètres par semaine. Avec la teneur admise précédemment de 30 francs d'or par mètre superficiel, la valeur mensuelle de l'or extrait montera pour une surface de 4,000 mètres carrés à 120,000 francs.

Dans les conditions de main-d'œuvre indiquées précédemment, nous estimons que le prix du mètre cube d'alluvion travaillé pourra être compris entre 1 fr. et 1 fr. 50 c. Pour tenir compte de tout imprévu, nous admettrons cependant le chiffre de 2 francs ; ce qui, pour un cube total de déblai mensuel de 14.000 mètres, correspondra à une dépense en chiffres ronds de 30,000 francs .

Le produit mensuel en or devant monter à . . . . Fr.   120.000
et les dépenses mensuelles à 30.000

les bénéfices mensuels de l'exploitation devront monter à . . . Fr.   90.000

Pour l'année entière, le bénéfice total de l'exploitation montera il donc à environ . . . . Fr.   1.080.000

La moitié du bénéfice total devant revenir à la nouvelle Compagnie, le bénéfice annuel de celle-ci devra donc monter à . . . Fr.   540.000

QUATRIÈME PARTIE

Rapport sur la mine de Solferino.

QUATRIÈME PARTIE

RAPPORT SUR LA MINE DE SOLFERINO

Le rapport sur la mine de Solferino est divisé en sept chapitres, qui sont :

1º Situation géographique. — Voies d'accès et de communication.

2º Historique.

3º Descriptions des filons de Solferino et des travaux exécutés sur le filon principal.

4º Richesse et teneur du minerai des filons de Solferino.

5º Travaux à exécuter et dépenses d'installation à faire pour l'exploitation en grand de la mine de Solferino.

6º Prix de la main-d'œuvre et prix de revient à la tonne de minerai.

7º Exploitation et résultats probables.

CHAPITRE PREMIER

Situation géographique. — Voies d'accès et de communication.

La mine d'or de Solferino (filons) est située dans le district minier d'Anori sur le versant occidental de la vallée du rio Porce (voir planche IV) ; cette mine est située à une distance d'environ six heures de marche de la petite ville d'Anori, centre et chef-lieu du district.

Sarragoza est pour la mine de Solferino, comme pour les mines de Cristales et de Santiago, le port fluvial le plus rapproché. En passant par Anori, Cruces, Zea et le confluent du Nechi et du Porce, il faut, pour se rendre de Solferino à Sarragoza, faire un trajet correspondant à environ trente heures de marche et deux heures de canot. On nous a signalé un autre chemin allant directement de Solferino à Guayabalito et par lequel le trajet se trouve réduit à une vingtaine d'heures de marche et à six ou sept heures de canot. La distance de Solferino à Medellin par Anori, Carolina, Santa Rosa, etc., est d'environ 140 kilomètres avec très bon chemin. Ce trajet équivaut à environ trente-cinq heures de marche. Pour se rendre de Solferino aux mines de Cristales et de Santiago, il faut actuellement un temps considérable ; cette distance sera bientôt réduite à trois jours environ par la reconstruction d'un pont sur le Porce.

Le plateau d'Anori forme le prolongement vers le N.-E. du grand plateau de Santa Rosa de Osos ; son altitude peut être considérée comme comprise entre 1,200 et 1,600 mètres (Anori 1,535 mètres). Il descend au Porce par un versant très rapide dont la hauteur dépasse souvent 800 mètres.

A une petite distance au nord d'Anori, passe un grand filon orienté sensiblement E.-O. (N. 82° O.) qui a été exploité à ciel ouvert par plusieurs Compagnies locales. Les travaux actuels de la mine de Solferino se trouvent sur le versant de la vallée du Porce, exactement sur le prolongement théorique du filon d'Anori, à une hauteur comprise entre 600 et 750 mètres.

La crête du plateau, en face ou dans le voisinage de la mine de Solferino, atteint une altitude d'environ 1,200 mètres. Au pied du plateau, à 450 mètres d'altitude, coule le rio Porce. La pente du versant est très forte ; elle doit atteindre et peut-être même dépasser 30° en moyenne. Deux petits ruisseaux permanents, mais d'un faible débit, le rio Solferino et le rio del Molino, se réunissent vers le niveau de 600 mètres, pour aller se jeter ensuite dans le Porce.

Sur le sommet du plateau, dont il suit à peu près la crête, coule le rio Carmen, qui est traversé par le chemin d'Anori à une altitude d'environ 1,480 mètres. On peut amener sans difficulté les eaux du rio Carmen par un canal jusqu'à une des gorges à l'altitude de 1,200 mètres.

Le rio Pescado, qui prend sa source à une hauteur comprise entre 1,400 et 1,500 mètres, pourrait également être amené par un canal jusqu'à un niveau bien supérieur à celui de la mine de Solferino.

Toute la vallée du Porce et le plateau d'Anori, dans le voisinage de la mine de Solferino, sont recouverts par une des plus belles forêts vierges que nous ayons vues en Colombie. On y trouve autour de la mine même une très grande quantité d'arbres de toutes dimensions, pouvant fournir tous les bois de charpente et de boisage nécessaires à une grande entreprise minière.

Le climat du plateau d'Anori est excessivement sain, et comparable à celui de Medellin ; le versant de la vallée du Porce, quoique plus chaud à mesure que l'on descend, est également très sain, eu égard à l'altitude, grâce à des brises périodiques qui viennent dans les deux sens aérer la vallée et à l'écoulement immédiat des eaux pluviales.

Le sol du versant est d'une fertilité exceptionnelle et peut produire la majeure partie des vivres nécessaires à une agglomération de travailleurs.

Le plateau d'Anori est constitué dans son ensemble par une puissante formation de schistes micacés, noirs et compacts, qui ont la direction générale (N.-S. magnétique) du principal soulèvement de la contrée

CHAPITRE II

Historique.

C'est en 1825 qu'on a commencé à exploiter le grand filon d'Anori. L'exploitation a eu lieu à ciel ouvert pendant un très grand nombre d'années, comme le montrent de nombreuses et importantes excavations.

Les deux Compagnies de mines du filon d'Anori qui produisirent le plus, furent la mine de la Constancia, ouverte par Don José M. Vasquez, encore en exploitation aujourd'hui, et la mine de Santa Anna, actuellement arrêtée. La mine de Santa Anna fut, de 1836 à 1845 (Vicente Restrepo, ouvrage déjà cité), la plus grande entreprise de mines qu'il y eut en Antioquia ; elle occupait de deux cents à deux cent cinquante ouvriers, employait quatre-vingts pilons, et son produit journalier montait de trois à quatre livres d'or.

De 1825 à 1850, la quantité d'or retirée du filon d'Anori, à ciel ouvert, fut très importante ; mais à partir de cette dernière époque, toutes les Compagnies, sauf la Constancia, ne pouvant ou ne voulant entreprendre les travaux souterrains par puits et les installations nécessaires à l'épuisement, ont arrêté leurs travaux d'exploitation. Les travaux les plus profonds de la mine de la Constancia atteignent aujourd'hui une profondeur d'environ 60 mètres.

La mine de Solferino a été découverte en 1852 par la famille Vasquez. Les travaux d'exploitation furent commencés quelques années après. Elle portait alors le nom de mine de la Boga, et il paraîtrait qu'elle a donné à cette époque, avec une exploitation très restreinte, un bénéfice de 240,000 francs (1). L'eau d'un petit ruisseau non indiqué sur la carte, le Pedrero, qui faisait mouvoir le moulin, occasionna un énorme éboulement ; les difficultés qui en résultèrent pour le travail, et aussi les troubles politiques qui survinrent, occasionnèrent l'arrêt de l'exploitation. Un peu plus tard, la mine fut louée pour quatre ans à Don Joaquin Toro, qui en tira, paraît-il, une grande quantité d'or ; il utilisait, pour faire mou-

(1) Il n'existe pas actuellement, et il n'a probablement jamais existé, de comptabilité à la mine de Solferino.

voir le moulin, l'eau du rio Solferino lui-même. L'exploitation fut arrêtée brusquement par la mort de Joaquin Toro.

Tout dernièrement, les propriétaires actuels de la mine de Solferino, comme
nous en avons eu la preuve en mains, avaient décidé de reprendre les travaux dans
cette mine, sur une échelle importante relativement au pays. Cette reprise, qui
aurait probablement déjà reçu un commencement d'exécution, n'a été différée
que par suite du contrat intervenu avec la Société d'Etudes Franco-Colombienne.

On peut estimer de 8,000 à 10,000 tonnes la totalité du minerai extrait de la
mine de Solferino, pendant la durée des différentes exploitations que nous venons
d'indiquer.

CHAPITRE III

Description des filons de Solferino. Travaux exécutés sur le filon principal.

Le filon principal de la mine de Solferino, ou filon Solferino, recoupe presque
normalement le versant de la vallée du Porce, suivant une direction de N. 65°0;
son pendage vers le Nord est compris à peu près entre 80° et 82°. Dans les an
ciens travaux, le mur du filon se rencontre partout d'une netteté et d'une régularité parfaites ; au contraire, le toit présente une certaine irrégularité, qui déter-
mine des variations dans l'épaisseur du filon.

L'épaisseur du filon varie depuis un minimum de 1m,10 jusqu'à un maximum
de 4m,50. L'épaisseur moyenne ressortant d'un ensemble de vingt-trois mesures
faites par nous dans les travaux souterrains est à peu près de 2m,80 à 3
mètres.

Dans certaines parties, le filon de Solferino se divise en deux filons, séparés
par un intervalle de roche stérile (horse des Anglais, caballo des Espagnols) de
même nature que la roche encaissante, c'est-à-dire de schiste micacé, noir et
compact. Dans ces endroits, l'ouverture du filon peut atteindre, en y comprenant l'intercalation stérile, jusqu'à 6m,50 et 7 mètres.

A une dizaine de mètres du filon Solferino, on rencontre un filon parallèle
qui l'accompagne, et dont l'épaisseur moyenne est de 0m,80 à 0m,85. Il se pourrait que ce filon, désigné sur les plans sous le nom de filon *Bob*, ne soit qu'une
branche ou une division du filon Solferino, comme cela a lieu pour le filon

d'Anori. Ce filon accompagnateur est composé lui-même de deux petits filons, par suite d'une réouverture postérieure : le premier, qui passe pour le plus riche, s'appuie au mur ; dans la galerie où nous avons pu le voir, son épaisseur varie de $0^m,20$ à $0^m,54$; le second forme le complément à $0^m,85$ du premier et s'appuie contre le toit. Les deux *épontes*, toit et mur, présentent une netteté et une régularité parfaites.

Outre les deux filons dont nous venons de parler, nous avons reconnu dans le lit du rio del Molino l'affleurement d'un nouveau filon de direction N.-S., d'un pendage de 80° vers l'O. et de $2^m,50$ environ d'épaisseur.

Le filon principal de Solferino se présente dans des conditions d'épaisseur, de filon accompagnateur, de roche intercalaire et de nature de minerai, absolument identiques à celles du grand filon d'Anori, comme nous l'avons vérifié nous-même en visitant les travaux souterrains de la Constancia. Cette identité de nature des deux filons d'Anori et de Solferino, jointe au fait de la rencontre des travaux du filon de Solferino sur le prolongement théorique du filon d'Anori, avait fait admettre par les propriétaires actuels de la mine que le filon de Solferino n'était autre que la recoupe du versant du plateau par le filon d'Anori lui-même. A notre avis, l'identité absolue des deux filons ne doit être admise, tout au moins jusqu'à nouvel ordre, qu'avec réserve. Le filon d'Anori n'a pas en effet exactement, dans la partie qu'on en connaît, la même direction que le filon de Solferino : de plus, son pendage est en sens inverse du pendage de ce dernier. Il est vrai de dire que, sur des distances, tant horizontales que verticales, aussi considérables que celles qui séparent le dernier point connu du filon d'Anori des travaux du filon de Solferino, il a pu se produire dans le filon, soit une double inflexion, soit des rejets modifiant la direction et le pendage. Dans tous les cas, qu'il y ait identité absolue ou seulement similitude entre les deux filons d'Anori et de Solférino, nous pouvons regarder pratiquement le filon de Solferino comme l'équivalent du filon d'Anori, avec l'avantage immense pour le filon de Solferino, d'affleurer sur un versant de 750 mètres de hauteur, au lieu d'affleurer sur une portion de plateau presque horizontale.

Comme conséquence de cette position sur le versant de la vallée, le filon Solferino pourra être attaqué directement par galeries à un grand nombre de niveaux à la fois, ce qui permettra, vu son énorme épaisseur, de développer l'exploitation sans aucune difficulté, sur une échelle importante, pour ne pas dire pratiquement illimitée.

Le minerai de la mine de Solferino est constitué par un quartz blanc compact, sans cristallisation, parsemé de petits rognons, ou de taches de pyrite, d'un gris noirâtre. Quoique compact en apparence, ce minerai se broie assez facilement et peut être rangé parmi les minerais de dureté régulière. La proportion de pyrite, variable suivant l'échantillon considéré, peut être estimée en moyenne

9

de 2 à 3 0/0 de la masse totale. L'or natif est exceptionnellement visible à l'œil nu, sous forme de petites paillettes ou de petites mouches. Les pyrites du minerai de Solferino sont très oxydables et très altérables à l'air, comme on le voit sur les affleurements et dans les anciens travaux, où le minerai a pris une coloration rougeâtre par suite de l'oxydation partielle des pyrites.

Les travaux d'exploitation pratiqués autrefois sur le filon de Solferino ont été conduits d'une façon absolument irrationnelle au point de vue technique; on a déterminé presque partout le foudroyage des galeries, ce qui a entraîné un certain nombre d'éboulements et rendu les travaux assez dangereux.

Nous avons cependant pu pénétrer dans la plupart de ces travaux, en relever rapidement les plans et y prélever de nombreuses prises d'essai.

Nous décrirons rapidement ces anciens travaux du filon de Solferino en commençant par la partie supérieure (voir planches IV et V).

Au-dessus du point V, le filon de Solferino disparaît sous la forêt vierge et n'a pas jusqu'à présent été recherché, du moins à notre connaissance (1).

Le filon, en ce point, se rencontre divisé en deux branches et son ouverture totale doit atteindre cinq à six mètres. En V, la branche de droite seule est visible et mesure 1m,60. L'autre branche est probablement recouverte par des éboulis, abondants en cet endroit.

Depuis le point V jusqu'au niveau des deux galeries, que nous désignons sous le nom de galeries supérieures du Derrumbo, le filon de Solferino a été attaqué à ciel ouvert sur une hauteur d'une vingtaine de mètres, formant ainsi dans la forêt une excavation d'une certaine importance.

Au niveau des deux galeries, le filon de Solferino affleure avec une netteté absolue. Il se trouve divisé en deux parties par un *caballo* de roche stérile de 2m,62 d'épaisseur. La branche de droite du filon présente une épaisseur de 2m,60; celle de gauche, une épaisseur de 1m,10.

Aujourd'hui, l'accès de ces galeries est impossible par suite d'un éboulement. Elles ont, paraît-il, 15 à 18 mètres de longueur, et l'abatage du minerai aurait porté sur une hauteur de 5 mètres de hauteur en moyenne (2).

Au-dessous des deux galeries supérieures du Derrumbo se trouve, sur la branche droite du filon, une galerie que nous avons désignée sous le nom de galerie inférieure du Derrumbo. Elle est éboulée actuellement. L'exploitation, dans cette

---

(1) Il est extrêmement difficile, pour ne pas dire absolument impossible, de suivre l'affleurement d'un filon forêt vierge sans travaux sérieux de nettoyage et de prospection, qui ne demandent qu'une faible dépense; mais exigent un temps assez considérable.

(2) Les renseignements que nous donnons sur les galeries dans lesquelles les éboulements nous ont empêché de pénétrer, nous ont été fournis par un ouvrier qui a travaillé dans la mine du temps de Joaquin Toro et qui nous a servi de guide dans notre visite.

galerie, a porté sur 16 mètres de longueur, 2^m,60 de hauteur, et seulement la moitié de l'épaisseur de la branche droite du filon.

A l'entrée, on voit affleurer le filon Solferino dans les mêmes conditions qu'aux galeries supérieures du Derrumbo, c'est-à-dire avec des épaisseurs de 2^m,60 pour la branche de droite, de 2^m,62 pour le *caballo*, et de 1^m,10 pour la branche de gauche.

Au-dessous de la galerie inférieure du Derrumbo, se trouve la galerie Glorietta. A l'entrée, l'épaisseur de la branche droite du filon est de 1^m,30, celle du *caballo* n'est plus que de 1^m,15, et celle de la branche de gauche est toujours de 1^m,10. La galerie Glorietta suit d'abord la branche droite du filon, qui mesure, à 10 mètres environ de l'entrée, 1^m,63 d'épaisseur. A 17 ou 18 mètres de l'entrée, une seconde galerie part de la galerie Glorietta pour aller reprendre la seconde branche du filon. Auprès de la bifurcation est un éboulement qui empêche d'aller plus loin. La galerie principale Glorietta a une longueur de 35 mètres; sa voûte s'élève considérablement jusqu'à l'éboulement, où elle atteint une hauteur de 6 à 7 mètres.

Sur la droite de la galerie Glorietta part un petit travers-banc qui va recouper, à une distance d'environ 7 mètres, le filon accompagnateur.

Ce dernier a été suivi en direction, à ce niveau, sur une longueur de 16^m,80 ; son épaisseur totale est de 0^m,85 à 0^m,90 ; il se divise, comme nous l'avons dit, en deux parties : l'une quartzeuse, l'autre plus porphyrique ; la galerie a une hauteur de 1^m,30 à 1^m,60.

Au-dessous de la galerie Glorietta se trouve la galerie Toro. A l'entrée de cette galerie, une seule branche du filon, celle de droite, est visible ; elle mesure 2^m,37 d'épaisseur.

A une vingtaine de mètres de l'entrée, la galerie Toro bifurque comme la galerie Glorietta et va suivre également la seconde branche du filon, qui paraît prendre naissance un peu au-dessous de ce niveau. Les extrémités des deux galeries sont éboulées et inaccessibles. L'abattage du minerai dans la galerie Toro a porté sur une hauteur qui atteint et dépasse 6 mètres dans la partie centrale.

Au-dessous de la galerie Toro, se rencontre la galerie Jaramillo. A l'entrée de cette galerie, la seule branche visible du filon a 4^m,45 d'épaisseur. A 15 mètres environ de l'entrée, l'épaisseur du filon paraît se réduire à 2^m,50, mais au front de taille, elle redevient déjà supérieure à 3^m,10. La galerie Jaramillo est accessible sur toute sa longueur, malgré un éboulement vers la partie centrale. L'exploitation a porté sur des hauteurs qui atteignent jusqu'à 7 et 8 mètres, sur une longueur totale de 28^m,30.

Au-dessous de la galerie Jaramillo, vient la galerie Juan Perez : à l'entrée, le filon est épais de 4 mètres ; un pilier central de minerai a été laissé dans la galerie ; un peu au-delà, se trouve un petit puits de 4 à 5 mètres de profondeur. Au front de taille, la galerie ne porte pas sur toute l'épaisseur du filon qui paraît être en ce point de 2^m,50. La hauteur de cette galerie ne dépasse pas 2^m,50.

Au-dessous de la galerie Juan Perez, et avant d'arriver à la galerie Guia, il doit exister deux galeries éboulées ; la bouche de l'une de ces galeries est visible, mais inaccessible. En avant de la galerie Guia, le filon a été exploité à ciel ouvert sur une longueur d'environ 16^m,40. Lorsqu'on pénètre dans le couloir à ciel ouvert, compris entre les épontes du filon Solferino, qui conduit à la galerie Guia, le filon recoupé presque à pic sur une hauteur d'une dizaine de mètres, se présente à la vue dans des conditions admirables de netteté en donnant l'impression d'un des plus beaux filons qu'il soit donné de voir.

A l'entrée de la galerie Guia, le filon Solferino a une épaisseur de 2^m,40, qui augmente ensuite jusqu'à 2^m,60, pour retomber à 1^{m}10, au front de taille. La galerie Guia a une largeur presque double du filon lui-même, ce qui tendrait à nous faire croire que son toit a pu être minéralisé sur une certaine épaisseur. Bien que présentant de grands éboulements, elle est accessible jusqu'au front de taille et a été exploitée sur une hauteur qui, par places, peut monter jusqu'à 12 mètres. Avec de telles dimensions, la galerie Guia ne constitue pas, à proprement parler, une galerie, mais plutôt une excavation analogue à celles des carrières.

Un peu au-dessous de la galerie Guia, sur la gauche, on voit encore les vestiges de l'ancien moulin.

A droite, et à environ 10 mètres de l'entrée du couloir dont nous avons parlé, on trouve les restes de travaux importants, tant à ciel ouvert que souterrains, qui ont été poussés à ce niveau sur le filon accompagnateur. Ces travaux sont complètement éboulés et inaccessibles. Au dire de l'ouvrier qui nous guidait, ce filon s'est montré en ce point d'une richesse exceptionnelle ; nous n'avons pu le voir en place, mais nous avons pu recueillir parmi les pierres de l'éboulement quelques morceaux de minerai.

A partir de la galerie Guia, le filon Solferino disparaît de nouveau sous la forêt vierge jusqu'en un point où son affleurement, étant recoupé par le rio Solferino et lavé par les eaux de ce rio, redevient visible et forme une petite cascade.

L'examen du filon en ce point est difficile par suite de l'altération produite par les eaux ; on voit cependant qu'il est de nouveau divisé en deux branches par un caballo de 4 à 5 mètres. Chacune des branches paraît avoir environ 1^m,60 d'épaisseur. Une petite galerie a été ouverte sur la branche de droite, un peu au-dessus de la cascade ; on ne peut y pénétrer, car elle est complètement éboulée. Au-dessous de la cascade, le filon disparaît encore une fois sous la forêt vierge et n'a plus été poursuivi. Il paraît qu'il a été retrouvé 200 mètres plus bas au point où il recoupe le rio Porce ; l'ouvrier qui a fait cette découverte et qui devait nous y conduire, était parti au moment de notre passage pour travailler aux mines du Bas Porce, ce qui nous a empêché de vérifier le fait personnellement.

Nous ajouterons que, sur le chemin qui monte des travaux de Solferino à la crête du versant, nous avons rencontré près du sommet les indices de l'affleurement d'un filon. Cet affleurement paraît se raccorder avec le prolongement du filon Solferino ; nous ne pouvons cependant, jusqu'à nouvel ordre, rien affirmer à ce sujet.

Nous avons encore reconnu, un peu au-dessous de la cascade du rio Solferino, sur la gauche, dans le lit du rio del Molino, un affleurement de filon de direction N.-S., que nous avons désigné sur le plan sous le nom de filon Carmen. Ce filon paraît avoir une épaisseur d'environ $2^m,80$.

Les travaux du filon Solferino ont une importance assez grande et ont été assez développés pour permettre de se rendre bien compte de la valeur de ce gisement.

Nous basant sur la régularité du filon Solferino sur 230 mètres de longueur ainsi que sur l'admirable continuité du filon d'Anori qui se poursuit sur plus de 18 kilomètres de longueur, nous avons la conviction que, au point de vue pratique d'une exploitation, le filon Solferino peut être considéré comme indéfini dans ses dimensions, et comme pouvant fournir, à lui seul, en ne tenant pas compte du filon accompagnateur, du filon Carmen et des autres filons qui pourraient être reconnus par la suite, une quantité pratiquement illimitée de minerai pendant un grand nombre d'années. . . . .

La quantité de minerai comprise dans le triangle limité par les deux points extrêmes des anciens travaux peut s'évaluer à 80,000 tonnes, et ce nombre de tonnes n'est, à notre avis, qu'une très minime partie du minerai que pourra produire le filon Solferino dans l'avenir. . . . .

CHAPITRE IV

Richesses et teneur du minerai du filon de Solferino.

Grâce aux anciens travaux du filon de Solferino, nous avons pu prélever sur ce filon et dans son intérieur un assez grand nombre de prises d'essai, qui vont nous permettre d'établir la teneur moyenne du minerai.

Nos prises d'essai ont été exécutées avec le plus grand soin ; chacune correspondant à toute la zone de minerai accessible autour des points indiqués. Elles n'ont pas été faites sur des minerais triés et par conséquent enrichis, mais bien *sur le remplissage total du filon*. Nous pouvons donc affirmer que la teneur qui va être déduite des essais représente bien celle de la masse entière du filon. Nous ferons remarquer, en outre, que cette teneur peut être regardée plutôt comme un minimum. Nos prises d'essai n'ont pu être faites, en effet, que dans les parties accessibles des travaux, c'est-à-dire dans les parties négligées par les anciens exploitants, et qui par conséquent ne peuvent pas être, d'une façon générale, considérées comme les plus riches.

Les points où les prises ont été pratiquées sont indiqués par des lettres correspondantes sur les plans joints à ce rapport. Tout en faisant une série de prises d'essai séparées, nous avons fait simultanément et directement deux prises d'essai moyennes, qui sont désignées sous les lettres X et Z. Tous les essais que nous allons mentionner dans les tableaux qui suivent ont été exécutés par voie sèche, chez MM. Léon Pétetin et C°, et répétés deux fois chacun, suivant l'habitude de cette maison.

TABLEAU

Des essais par voie sèche exécutés sur les prises d'essai du filon de Solferino.

INDICATION DES PRISES D'ESSAI	1er ESSAI		2e ESSAI	
	OR PUR par tonne	ARGENT par tonne	OR PUR par tonne	ARGENT par tonne
Prise d'essai V	20gr.	80gr.	20gr.	80gr.
— T	20	60	20	60
— O	40	70	40	70
— Q	10	40	10	40
— N	15	55	15	55
— M	15	55	15	55
— L	12	78	12	78
— J	25	55	25	55
— I	15	45	15	45
— C	15	35	15	35
— K	25	55	25	55
— F	20	60	20	60
— E	70	80	70	80
— D	25	135	25	135
MOYENNE	23gr,35	65gr,21	23gr,35	65gr,21

Prise d'essai générale X (moyenne faite directement.	25	45	25	45
Prise d'essai générale Z (moyenne faite directement.	25	45	25	45
MOYENNE GÉNÉRALE DES MOYENNES. .	$24^{gr},45$	$51^{gr},72$	$24^{gr},45$	$51^{gr},72$

$24^{gr},45$ d'or pur représente une valeur de. . . Fr.	83.86
$51^{gr},73$ d'argent — —	8.58
Moyenne de la valeur totale des métaux précieux (or et argent) déterminée par voie sèche, à la tonne de minerai . . . . Fr.	92.44

Nous avons fait essayer un morceau de minerai compact provenant du point D, où la teneur moyenne de la prise d'essai est de 25 grammes d'or à la tonne. Cet essai a donné, par tonne, or : 32 grammes ; argent : 78 grammes.

Nous avons tenu à vérifier si les affleurements des filons Solferino et Carmen, dans les rios Solferino et del Molino, où ils sont lavés par les eaux, étaient aurifères. Nous avons trouvé, pour des prises d'essai sommaires faites en ces points, les résultats suivants :

	1er ESSAI		2e ESSAI	
	OR PUR par tonne	ARGENT par tonne	OR PUR par tonne	ARGENT par tonne
Prise d'essai sur l'affleurement du filon Solferino dans le rio Solferino (A). . . .	10^{gr}.	35^{gr}.	10^{gr}.	35^{gr}.
Prise d'essai faite sur l'affleurement du filon Carmen dans le rio del Molino (B) . . .	10	40	10	40

Nous donnons enfin ci-dessous les essais faits sur le minerai du filon accompagnateur. Les deux premiers de ces essais ont été faits sur le minerai pris en place dans la galerie Glorietta ; la dernière prise d'essai provient des morceaux de minerai ramassés dans les éboulements, au niveau de la galerie Guia, où ce filon passe pour avoir été très riche :

	1er ESSAI		2e ESSAI	
	OR PUR par tonne	ARGENT par tonne	OR PUR par tonne	ARGENT par tonne
Prise d'essai P faite sur la première partie du filon Bob, galerie Glorietta	15^{gr}.	55^{gr}.	15^{gr}.	55^{gr}.
Prise d'essai Q sur la deuxième partie du filon Bob, galerie Glorietta.	10	50	10	50
Prise d'essai S faite sur des morceaux de minerai provenant des éboulis des travaux du filon Bob au niveau de la galerie Guia.	80	60	80	60

La moyenne générale de tous les essais sans exception, au nombre de 21, sort à 23^{gr},90 d'or pur et 58^{gr},70 d'argent, par tonne de minerai.

Il résulte de ces essais que les filons de Solferino et, en particulier le filon principal Solferino sont aurifères dans toute leur masse; que la teneur en or à la tonne n'est jamais inférieure à 10 grammes, qu'elle ne dépasse pas 70 à 80 grammes, et qu'enfin on peut être autorisé à considérer la teneur moyenne du minerai du filon de Solferino, pris en masse, sans choix ni triage, comme étant d'environ 24 grammes d'or pur à la tonne.

Si l'on admet pour l'or de Solferino, tel qu'il sort des moulins, le titre de 800 millièmes (Vicente Restrepo, ouvrage déjà cité), la teneur moyenne du filon Solferino ressortirait à 30 grammes d'or par tonne au titre de 800 millièmes, c'est-à-dire à environ une once par tonne (1).

Cette teneur de 30 gr. d'or au titre de 800 millièmes, à la tonne de minerai, est la teneur accusée à l'essai par voie sèche. — Quoique nous sachions, par l'expérience des mines du filon d'Anori, et en particulier de la mine de la Constancia, que l'or est très facile à extraire des minerais de ce district, c'est-à-dire, comme l'on dit quelquefois, que la plus grande partie de l'or se trouve *à l'état libre* (2), nous avons tenu à nous faire dès à présent une idée de la quantité d'or minima que nous serions sûrs de retirer pratiquement par les procédés de traitement qui seront employés à Solferino. Nous avons, en conséquence, prié M. Pételin de faire un essai par amalgamation sur 1 kilog. de minerai de Solferino.

Cet essai a donné les résultats suivants :

Le minerai à amalgamer contenait, avant cette opération, d'après un essai spécial par voie sèche : or pur à la tonne, 22 gr. 5; argent pur par tonne, 76 gr. 25.

L'amalgamation, faite comme nous l'avons dit à propos des essais de Cristales, a donné par tonne de minerai : 22 gr. d'or argentifère contenant : or pur, 15 gr. 75; argent pur, 6 gr. 25.

C'est ce chiffre de 22 gr. d'or argentifère contenant 15 gr. 75 d'or pur et 6 gr. 25 d'argent valant 55 francs, que nous adopterons dans les calculs qui suivront, au lieu du chiffre de 30 gr. d'or aux 800 millièmes donné par les essais par voie sèche.

---

(1) L'once espagnole, qui est souvent employée comme unité de teneur pour les minerais d'or, pèse exactement 28 gr. 75.

(2) La mine de la Constancia n'emploie même pas le mercure pour le traitement de ses minerais. Le traitement consiste en un passage du minerai aux pilons du pays (poids de 250 livres), puis une porphyrisation des pyrites à *l'arrastre* et un lavage à l'eau de ces pyrites, sans mercure, dans un petit canal en bois guilloché. La teneur moyenne des minerais de la Constancia est estimée de 3/4 à 1 once d'or au titre de 764 millièmes, par tonne de minerai.

CHAPITRE V

Travaux à exécuter et dépenses d'installations à faire pour l'exploitation en grand de la mine de Solferino.

A la mine de Solferino, nous ne sommes plus, comme à Cristales, en face d'un gisement contenant un minerai exceptionnellement riche, limité comme exploitation annuelle, mais, bien au contraire, en face d'un gisement excessivement puissant, présentant des facilités exceptionnelles d'exploitation et contenant un minerai de richesse régulière. L'installation de la mine de Solferino doit être faite en tenant compte de ces considérations, pour pouvoir obtenir annuellement les bénéfices qu'on est légitimement en droit d'attendre de cette mine.

Grâce au rio Carmen, dont les eaux peuvent être facilement amenées par un canal jusqu'à une des gorges du plateau, grâce aussi à la pente et à l'énorme hauteur de chute, on pourra disposer à la mine de Solferino de toute la force motrice hydraulique qui sera nécessaire. La forêt vierge fournira à très bas prix tous les bois de charpente et de mine.

Les installations à créer à la mine de Solferino, telles qu'elles sont spécifiées dans le contrat intervenu entre les propriétaires actuels et la Société d'Études Franco-Colombienne, comprennent :

A. L'installation et le montage de 75 pilons du type californien, du poids d'environ 750 livres anglaises, avec les concasseurs, les concentrateurs et amalgamateurs du type californien correspondant.

B. L'installation et le montage des turbines ou des roues du type américain *Hurdy-Gurdy* destinées à fournir la force motrice aux divers appareils.

C. La construction de l'*acequia* ou des *acequias* destinées à amener les eaux aux machines.

D. La construction des maisons et hangars nécessaires aux installations des ouvriers et au personnel de la mine.

E. Le creusement sur le filon de deux cents mètres de galerie, en une ou plusieurs galeries ; ces deux cents mètres de galerie devant être pourvus des rails et des wagonnets nécessaires à leur service.

Nous passerons successivement en revue ces différents chapitres.

A. et B. Nous estimons que les 75 pilons, ainsi que le matériel et les machines

10

hydrauliques correspondants, reviendront, le tout installé et prêt à fonctionner, à 5,000 francs par pilon, soit pour 75 pilons, en chiffres ronds , une somme de . . . . Fr. 375.000

C. La construction de l'*Acequia* du Carmen coûterait, d'après un devis déjà fait, environ 15,000 francs. Nous admettrons cependant le chiffre de 25,000 francs pour le cas où il serait avantageux d'amener les eaux du Pescado ou d'un autre rio, soit. 25.000

D. La construction des maisons et des hargars établis convenablement, mais dans le style du pays, ne dépassera pas 30,000 francs, soit   30.000

E. Le creusement sur le filon de deux cents mètres de galeries, munis des rails et des wagonnets nécessaires à leur service, ne dépassera pas 20,000 francs 20.000

Nous ajouterons une somme de 40,000 francs pour établissement ou réparation de routes, déblais, défrichements, etc.. . . . . 40.000

Nous ajouterons encore, pour frais généraux et divers jusqu'à l'époque où la mine se trouvera en production, une somme de. 45.000

Il y a enfin une somme de 16,665 francs à payer aux propriétaires de la mine, soit. 16.665

TOTAL. 551.665

Nous arrivons ainsi à une somme totale de 550,000 francs, en chiffres ronds, comme capital-argent nécessaire à la mine de Solferino, pour l'installation de cette mine dans les conditions prévues par le contrat.

Nous proposerons cependant de porter le capital-argent à la somme de 950,000 francs, en réservant une somme de 400,000 francs pour parer à toute éventualité, et permettre de développer encore l'exploitation par la suite, si on le juge convenable.

CHAPITRE VI

Main-d'œuvre et prix de revient de la tonne de minerai.

Le prix de la main-d'œuvre est exceptionnellement bas dans le district d'Anori. A la Compagnie de la Constancia, située à quelques kilomètres de distance de la mine de Solferino, le salaire moyen des ouvriers était le suivant lors de notre passage :

Salaire. . .   0,45 de piastre forte;
Nourriture .   0,19   —

    Total. .   0,64   —

Au change de 50 0/0, ce salaire correspond à 2 fr. 13 c. de notre monnaie; à ce prix de 2 fr. 13 c., le personnel ouvrier est, comme nous avons pu le véri- fier à la Constancia, comparable à un personnel européen.

Le prix de revient de la tonne de minerai, extraite et traitée, est actuellement, à la Constancia, un peu inférieur à 5 piastres, ce qui, au change de 50 0/0, correspond à 16 fr. 66 c. la tonne.

A la mine de Zancudo, où l'on exploite par galerie un filon de contact d'une épaisseur comparable à celle du filon de Solferino, le prix de revient de la tonne de minerai, abattue, extraite, passée au pilon et à la préparation mécanique en vue de la fonderie, ne monte qu'à 14 fr. 10 c. (au change de 50 0/0) pour une exploitation de près de 30,000 tonnes de minerai par an.

Nous pensons qu'on pourra travailler à Solferino dans les mêmes conditions de prix qu'au Zancudo. Nous admettrons cependant, pour tenir compte de toute éventualité, pour le prix de revient de la tonne de minerai, extraite et traitée à Solferino, le chiffre de 20 francs, et c'est ce chiffre que nous adopterons dans les calculs qui vont suivre.

CHAPITRE VII

Exploitation et résultats probables.

En Colombie, on compte par an, pour les pilons, 320 journées de travail effectif de 24 heures. Un pilon de 750 livres peut passer pratiquement par jour un minimum de une tonne un quart de minerai comme celui de Solferino. Les 75 pilons, pendant 320 jours, pourraient donc traiter 30,000 tonnes de minerai.

Pour plus de sécurité et pour tenir compte des difficultés qu'on pourrait ren- contrer dans la préparation de l'exploitation, pendant les premières années, nous réduirons ces 30,000 tonnes par an à 25,000.

Nous avons dit précédemment que l'on pouvait compter, par tonne de minerai traité, sur un rendement pratique minimum de 22 grammes d'or argentifère valant 55 francs.

Nous avons admis aussi que le prix de revient de la tonne serait de 20 francs.

Dans ces conditions, le produit annuel pour 25,000 tonnes serait
de . . . . Fr.   1.375.000
    Et les dépenses annuelles de. 500.000
    Le bénéfice annuel total de la mine serait donc de. . . . . Fr.   875.000

Les onze vingtièmes de ce bénéfice devant, en vertu du contrat, revenir à la nouvelle Compagnie, le bénéfice pour cette dernière monterait donc annuellement à une somme d'environ 480,000 francs.

Nous estimons qu'il faudra compter sur une durée de 15 à 18 mois pour terminer les travaux d'installation à la mine de Solferino. Quand ces travaux seront terminés, la mine produira dans des conditions d'exploitation régulière.

CINQUIÈME PARTIE

Résumé et Conclusions générales.

CINQUIÈME PARTIE

RÉSUMÉ ET CONCLUSIONS GÉNÉRALES

MINE DE CRISTALES

1º La mine de Cristales se trouve située dans le riche et important district minier de Remedios, à une distance d'environ vingt d'heures de marche de Sarragoza, port fluvial de navigation à vapeur sur le rio Nechi ; elle dispose d'une force hydraulique pratiquement illimitée, ainsi que de tous les bois nécessaires à l'exploitation d'une mine.

2º La mine ou colonne riche du filon de Cristales a été découverte en 1843 et attaquée pour la première fois en 1847. L'exploitation, arrêtée en 1852, a été reprise vers la fin de 1868 et poursuivie jusqu'au 21 mai 1883.

Les travaux, de 1868 à 1883, ont été paralysés par une série de petites inondations de la mine, causées par l'exploitation des affleurements à même du lit du ravin ; ils ont été arrêtés le 21 mai 1883 par suite d'une de ces inondations et n'ont pas été repris depuis cette époque, faute des capitaux nécessaires.

La production de la mine de Cristales travaillée irrégulièrement et sur une petite échelle, depuis le commencement de 1869 jusqu'au 21 mai 1883, a été d'environ 1,854 kilogrammes d'or brut.

3º Le filon de Cristales proprement dit a une direction N. 25º E. et un pendage vers l'Est de 30º. La colonne riche qui affleure dans le fond même du ravin, mesure une longueur totale d'environ 200 mètres et une épaisseur moyenne de $0^m, 75$. Tous les travaux d'exploitation jusqu'à ce jour ont été concentrés sur cette colonne.

La surface exploitée, tant d'après les plans de la mine que d'après les renseignements, correspond à une production totale d'environ 12,000 tonnes de minerai, c'est-à-dire à une production annuelle d'environ 800 tonnes.

Il existe en outre, sur la concession de Cristales, un certain nombre de filons croiseurs; l'un de ces filons, celui du Pedrero, s'est montré, en un point, bien minéralisé.

4° Les 12,000 tonnes de minerai de la colonne riche ayant produit 1,854 kilogrammes d'or au titre de 580 millièmes et valant 3,687,866 francs, la tonne de minerai de la colonne riche ressort à une valeur de 307 fr. 32 c. Cette teneur, excessivement élevée, justifie pleinement la grande réputation de richesse de la mine de Cristales.

Six prises d'essai faites en place sur un pilier de 20^m,20 de longueur, existant encore au premier niveau, ont donné une valeur moyenne en or de 746 fr. 57 par tonne de minerai.

De nombreux documents (lettres de directeurs, carnets de contrats, etc.) démontrent que, au point le plus bas des travaux inondés, la colonne n'avait rien perdu de son épaisseur et de sa richesse.

5° Il existe actuellement sur la mine de Cristales un ensemble d'installations en très bon état, susceptibles d'être utilisées en grande partie et représentant une valeur d'au moins 125,000 francs. Les dépenses nouvelles à faire pour la reprise en grand de la mine de Cristales sont estimées en chiffres ronds à 500,000 francs. Nous proposons cependant de porter à 850,000 francs le capital-argent pour la mine de Cristales, de manière à avoir une somme disponible de 350,000 francs pour parer à toute éventualité et pouvoir développer ultérieurement l'exploitation, s'il y a lieu.

6° La main-d'œuvre est abondante, de bonne qualité et à très bas prix, dans le district de Remedios. En tenant compte du change, le prix moyen de la journée d'ouvrier de mine ressort à 2 fr. 50.

Le prix de revient de la tonne de minerai ne dépassera pas, tout compris 40 fr; nous admettons cependant le prix de 70 fr., qui paraît avoir été celui de l'ancienne exploitation.

7° Nous estimons que l'on pourra exploiter annuellement sans difficulté, sur la colonne riche du filon de Cristales, une quantité de 5,000 tonnes de minerai.

Ces 5,000 tonnes de minerai, en admettant un rendement de 250 fr., et un prix de revient de 70 fr. par tonne, devront donner un bénéfice annuel de 900,000 fr., sur lesquels la moitié, c'est-à-dire 450,000 fr., constituera la part de bénéfices de la nouvelle Société.

MINE DE SANTIAGO

1° La mine d'alluvion de Santiago est située dans le district de Remedios, à deux heures de la mine de Cristales et à une distance d'environ 22 heures du port fluvial de Sarragoza. Cette mine occupe le fond de la belle et large vallée du rio Santiago.

2° La concession de la mine de Santiago date de plus d'un siècle. Au commencement de ce siècle, cette mine a été exploitée successivement dans sa partie basse, près de la chute du rio Santiago, par Don Pedro Colmero et Don Florencio Mejia, qui passent pour en avoir tiré des quantités d'or considérables.

3° Les alluvions vierges de la mine de Santiago, occupent environ une superficie de 1 kilomètre carré ; la régularité de ces alluvions dans le fond de la vallée peut être regardée comme parfaite.

A la partie supérieure se trouve, partout, une couche d'alluvion argileuse et stérile de 1m,60 d'épaisseur moyenne ; l'alluvion aurifère presque entièrement quartzeuse et sans aucun ciment, repose, au-dessous de la couche stérile, sur un fond de roche porphyrique ; son épaisseur moyenne peut être estimée à 1m,60.

L'alluvion quartzeuse aurifère de Santiago provient exclusivement de la désagrégation, de l'entraînement et du dépôt par les eaux, des nombreux épanchements et affleurements des filons aurifères du plateau de Remedios.

4° D'après les résultats de cinq puits de recherche faits un peu au-dessus de la concession de Santiago, d'après un essai fait en plein centre de la concession de Santiago et d'après de nombreux renseignements, on peut estimer que la teneur de l'alluvion de Santiago est comprise entre 40 francs et 120 francs par mètre superficiel. Pour tenir compte de l'imprévu et pour faire la part de ce que comporte toujours d'inconnu une mine d'alluvion, nous n'admettrons qu'une teneur de 30 francs par mètre superficiel.

5° Les dépenses à faire à Santiago pour l'exploitation en grand de cette mine, monteront à 450,000 francs, y compris une somme de 170,000 francs à payer aux propriétaires de la mine. Nous proposons cependant de porter à 600,000 francs le capital-argent pour la mine de Santiago, de manière à avoir une somme disponible de 150,000 francs pour parer à toute éventualité et pouvoir développer ultérieurement l'exploitation, s'il y a lieu.

6° Le prix moyen de la journée d'ouvrier montera à Santiago à 2 fr. 50 c. Dans les conditions d'installation spécifiées plus haut, nous estimons que l'on pourra faire mensuellement l'exploitation d'une surface d'alluvions de 200 mètres de longueur sur 20 mètres de largeur, c'est-à-dire de 4.000 mètres carrés de surface, correspondant à 7,000 mètres cubes d'alluvion aurifère. Le prix du mètre cube d'alluvion totale, stérile et aurifère, ne dépassera pas 2 francs. Dans ces conditions, le bénéfice annuel de l'exploitation de la mine de Santiago montera à environ 1,080,000 francs, sur lesquels la moitié, ou 540,000 francs sera la part de bénéfice de la nouvelle Société.

MINE DE SOLFERINO

1° La mine de Solferino est située dans le district d'Anori, à environ 30 heures de marche du port fluvial de Sarragoza. Cette mine peut disposer de grandes forces hydrauliques et de tous les bois nécessaires à l'exploitation.

2° La mine de Solferino a été découverte en 1857 et exploitée en petit pendant quelques années. L'exploitation a été arrêtée à la suite d'événements politiques. Les anciens travaux sont encore en grande partie accessibles, et on peut estimer à 8,000 ou 10,000 tonnes la quantité de minerai extraite autrefois.

3° Le filon principal de Solferino a une direction N. 65° O. et un pendage vers le Nord de 80 degrés. Ce filon recoupe le versant de la vallée qui a une hauteur d'environ 800 mètres; son épaisseur moyenne est d'environ 2m,80. La longueur reconnue du filon sur le versant atteint 230 mètres ; au delà, le filon n'a jamais été recherché sous la forêt vierge.

Deux autres filons aurifères sont reconnus au voisinage du filon Solferino. L'un d'eux qui passe pour avoir été très riche, tout au moins par places, a une épaisseur de 0m,80 à 0m,90 ; le second, à peine reconnu en affleurement, paraît mesurer une épaisseur de 2m,50.

4° Les prises d'essai faites dans les anciens travaux du filon Solferino ont donné à l'essai une teneur moyenne d'environ 30 grammes d'or aux 800 millièmes, par tonne de minerai, pour le remplissage total du filon.

Un essai d'amalgamation, fait sur des minerais de Solferino contenant 22 gr. 5 d'or pur par tonne a donné, comme résultat, 22 grammes d'or argentifère valant 55 francs.

Nous avons admis le chiffre de 55 francs comme rendement moyen de la tonne de minerai.

5° Les dépenses à faire pour la mise en exploitation en grand de la mine de Solferino sont estimées, en chiffres ronds, à 550,000 francs. Nous proposons cependant de porter le capital-argent de la mine de Solferino au chiffre de 950,000 francs, de manière à avoir une somme disponible de 400,000 francs pour pouvoir parer à toute éventualité et développer ultérieurement l'exploitation, s'il y a lieu.

6° Le prix moyen de la main-d'œuvre dans le district d'Anori monte actuellement à 2 fr. 15 environ. Nous basant sur les prix de revient des mines de la Constancia et du Zancudo, nous estimons que le prix de revient de la tonne de minerai à Solferino n'atteindra pas 20 francs.

7° Dans les conditions de gisement de la mine de Solferino et dans les conditions d'installation future, nous pensons que l'on produira annuellement un minimum de 25,000 tonnes de minerai.

Ces 25,000 tonnes de minerai valant 55 francs et coûtant 20 francs par tonne, donneront un bénéfice annuel total d'environ 875,000 francs, sur lesquels 11/20, soit 480,000 francs environ, formeront la part de bénéfice de la nouvelle Société.

CONCLUSIONS GÉNÉRALES

Pour la mise en exploitation en grand des trois mines de Cristales, Santiago et Solferino, nous estimons que le capital-argent nécessaire montera :

Pour Cristales, à . . . . . . Fr.	850.000
Pour Santiago, à	600.000
Pour Solferino, à	950.000
Soit en tout . . . . Fr.	2.400.000

Sur le total de 2,400,000 francs, 900,000 francs constitueront un fonds disponible destiné à parer dans l'avenir à toute éventualité.

Nous estimons enfin que la part de bénéfice annuel de la nouvelle Société s'élèvera environ :

Pour Cristales, à . . . . . Fr.	450.000
Pour Santiago, à	540.000
Pour Solferino, à	480.000
Soit en tout un bénéfice annuel d'environ . . Fr.	1.470.000

Paris, le 1er octobre 1887.

A. MOULLE,
Ingénieur Civil des Mines.

IMPRIMERIE CENTRALE DES CHEMINS DE FER. — IMPRIMERIE CHAIX. — RUE BERGÈRE, 20, PARIS. — 21752-7.

IMPRIMERIE CHAIX, RUE BERGÈRE 20, PARIS. — 21754-7.

www.ingramcontent.com/pod-product-compliance
Lightning Source LLC
Chambersburg PA
CBHW050625210326
41521CB00008B/1386